젊은이가 돌아오는 마을

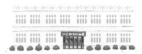

인구감소 시대 마을 생존법

후지나미 다쿠미

김범수 옮김

젊은이가
돌아오는 마을

황소자리

일러두기

– 본문에 수록한 사진은 원저작권자의 양해 하에 한국어판 제작과정에서 별
  도로 추가했다.
– 익숙한 일본 지명이나 고유명사에는 원어 병기를 생략한다.

일본에서는 전국적인 인구감소와 함께 수도인 도쿄 한 곳으로 인구가 집중되면서 젊은 사람들이 지방을 떠나 결국 소멸하는 지역이 나온다는 생각이 오래 전부터 뿌리 깊습니다. 정부의 지방 활성화 정책도 젊은 세대의 지방 정착에 초점을 두는 내용 위주입니다.

확실히 젊은이가 줄어들면 그 마을의 활력이 감소합니다. 그러나 젊은이들이 빠져나가는 지역에 무리하게 그들을 돌려보낸다고 하더라도, 장기적으로 그들이 지방에 정착해 아이를 키워가며 경제적으로 안정된 생활을 유지하기는 어려울 것입니다. 정부의 정책에도 불구하고 도쿄로 인구가 몰리는 경향은 지금도 변함이 없습니다. 결과적으로 일본에서는 각 지자체가 정부의 보조금을 받아 소수의 젊은 이주 희망자를 차지하려 경쟁을 벌이는 상황이 되었고, 지방의 경우 일정한 숫자의 이주자를 확보한 지역과 유출이 한층 더 심해진 지역으로 양극화가 진행되는 상황입니다.

일본 이상으로 저출산 속도가 빨라진 한국에서도 젊은이가 도시로 빠져나가 지방의 급속한 인구감소와 쇠퇴를 우려한다는 사실은 일본에 있는 필자도 알고 있습니다. 급속하게 진행되는 인구감소와 젊은이 유출 대응으로 이주촉진 정책에 의지한다면 일본처럼 일부 지역에서는 쇠퇴가 가속될 뿐 아니라 결과적으로 나라 전체의 활력이 떨어지는 사태가 생겨날지 모릅니다.

일본의 경우 젊은이가 빠져나간다고는 해도 지방에서 도쿄로 옮겨가는 젊은 세대는 실제로 10퍼센트 정도에 불과합니다. 지방 출신자의 대부분은 지방에 계속 살고 있다는 통계도 있습니다. 말하자면 저출산으로 일어나는 지방의 젊은이 감소를 너무 비관적으로만 본 결과 문제가 더 복잡해졌다는 생각이 듭니다. 아마 한국에서도 같은 일이 일어나고 있는 것은 아닐까요.

일본, 한국을 불문하고 지금 지방이 해야 할 일은 이주자 차지하기에 열을 올리는 것이 아니라 그 지역에 계속 살고 싶어하는 젊은이의 생활을 지속 가능한 것으로 만드는 노력입니다. 우선 양질의 일자리를 통해 장기적으로 소득을 내다볼 수 있는 고용환경을 조성하는 것이 중요합니다.

갑자기 대기업 공장을 유치하려고 해도 현실적으로 그런 결과를 기대하기는 어렵겠지요. 이미 있는 산업을 어떻게 얼마나 발전시켜 나갈까, 하는 접근이 중요합니다. 농업의 고도화에 기대할 부분이 많고, IT나 첨단기술을 살린 산업구조 전환 등 가능한 일이 아직 많을 것입니다. 그렇게 해서 젊은 세대의 생활을 안정시킨다면 지방을 빠져나가는 사람도 줄고 각 지역의 지속성을 높일 수 있을 것이라고 믿습니다.

인구감소는 지방으로서는 큰 도전임에 분명하지만 마을마다 그 문제를 스스로의 미래를 새롭게 생각해보는 계기로 삼는다면, 그것이야말로 재생의 첫걸음이 될 것입니다. 일본처럼 인구감소 사회로 바뀌어가는 한국에서 이 책이 그 첫걸음을 내딛는 데 도움될 수 있기를 바랍니다.

2017년 10월 20일

후지나미 다쿠미

'지방 소멸'이란 말에 주눅들지 마라

'지방 소멸론'의 충격

일본 지자체의 절반 정도가 소멸할 위기에 처했다고 보고하는 '지방 소멸론'이 급부상하면서 정부는 갑자기 분주해졌다. 인구감소에 대비해 담당 장관을 두고 '지방 재생'을 본격적으로 논의하기 시작한 것이다. 각 지방자치단체에 인구 청사진을 만들라고 요구하는가 하면, 인구감소 흐름을 멈추기 위한 종합전략을 세워 실천하도록 다그치기도 한다.

지방 소멸에서 지방 재생으로 가는 여러 정책의 밑바탕에는 출생률이 낮은 도쿄로만 인구가 집중되는 바람에 지방 쇠퇴를 가속화할 뿐 아니라 국가 전체의 출생률을 인구 유지가 곤란한 수준으로까지 낮춘다는 편견이 깔려 있다. 정부는 수도 인구 집중을 완화해 현재 연간 10만 명에 이르는 수도권 전입 초과를 제로로 만든다는 정책 목표를 세웠다. 지방이 만든 종합전략은 그것을 달성하기 위해 필요한 정책 모음으로 자리매김했다.

'젊은이가 지방에 정착해야 나라가 지속적으로 발전한다.'

이런 논리는 예전처럼 도쿄를 비롯한 대도시가 나라 경제를 견인하는 성장모델을 기대하기 어려워진 상황에서 생겨났다. 말하자면 지방에서 대안을 찾자는 정책이자 전후 일본이 걸어온 성장모델에 대한 안티테제로 볼 수 있다.

종전 후 일본 국토는 황폐해졌다. 그야말로 무無에서 새로 일어서는 과정을 거쳐 거품경제 붕괴로 이어지기까지 약 45년 간, 일본은 사회경제적으로 큰 좌절을 겪지 않았다. 인구도 지속적으로 증가하는 등 여러 방향에서 불어오는 순풍을 타고 비교적 손쉽게 발전을 거듭해왔다. 물론 오일쇼크 같은 외적 경제 충격이 있었지만, 그런 단기적 위기들은 결과적으로 일본 산업이 세계로 한층 도약하는 계기가 되었다. 제조업은 에너지 절약형으로 변신했고, 산업구조 자체도 서비스업이 주역이 되는 극적인 전환을 이루어냈다.

그러는 사이 도쿄는 일본 경제성장의 구심점 역할을 하며 인구를 끌어모았다. 고도성장기에는 오사카와 나고야도 많은 인구를 받아들였지만 오일쇼크를 겪으면서 3대 도시권 중 도쿄만 인구가 늘어나는 지역으로 부상했다. 이런 상황이 일반적으로 '도쿄에만 인구가 집중'된 것으로 비춰지는 이유다.

3대 도시권 중 유일하게 도쿄로만 인구가 유입되는 상황은 사실 최근 들어 갑자기 발생한 현상이 아니다. 다만 거품경제 붕괴 후 저성장이 고착화하면서 지속적으로 인구감소가 진행되는 지역들은 이 같은 인구 유출의 악영향을 더 이상 무시할 수 없게 되었다. 그 결과 이번 지방 재생전략에서 도쿄 전입초과 제로 정책을 들고 나온 것이다.

인구 흐름은 무리하게 바꿀 수 없다

그러면 정부가 계획한 대로, 지방으로 향하는 인구 흐름을 만들어내는 게 가능할까? 과거를 돌이켜보면 그 길은 험난할 것으로 예상된다. 지금까지 인위적·외적 요인을 만들어 도쿄로 향하는 인구 흐름을 억제하려는 시도는 여러 차례 있었다. 하지만 막상 그 억제 요인이 사라지고 나면 인구 흐름은 원래 상태로 돌아갔다. 공공사업 등을 통해 젊은 세대를 지방에 정착시킨다 해도, 그 사업이 국내는 말할 것도 없고 세계 경제와 문화의 큰 흐름에 부합하지 못한다면 인위적인 인구정책은 지속성을 지닐 수 없다.

인구의 지역 간 이동은 도시의 경제적 활력 및 매력의 차이에서 생겨난 결과이기 때문이다. 사람들은 경제가 성장하고 부가 더 많이 생겨나는 지역으로 모이게 돼 있다. 농산어촌이 아니라 사회문화의 흐름을 주도하는 도시로 사람들이 모이는 것에는 다 합리적인 이유가 있다.

그러니까 '도쿄로만 인구 집중'과 '지방 소멸'을 같은 선상에 놓고 인과관계를 따지려는 생각은 현재 직면한 인구 분포 및 지방 도시의 상태를 올바르게 요약한 것이라고 할 수 없다. 게다가 도쿄로 인구가 유입되는 사실은 분명하지만, 결코 도쿄 한 곳만 특정해 말할 상황은 더더욱 아니다. 전국 중심도시의 인구 유입 역시 간과해서는 안 된다. 가령 후쿠오카와 센다이 같은 지방 중심도시는 젊은 세대를 폭넓게 받아들이는 곳이라고 해도 좋은 상황이다. 연령별 인구비율로 보더라도 젊은 세대 비율이 도쿄보다 높은 상태다. 그리고 현청 소재지급 지방 중심도시에도 주변에서 인구가 자연스레 유입되는 현상을 확인할 수 있다. 이른바 한계마을 등의 소멸을 우려하고 있지만 실제로 소멸한 마을은 예상보다 적다는 사실도 간관해서는 안 된다. 중산간지역의 사람살이는 알려진 것과 달리 굳건하게 지속되고 있다.

게다가 우리는 소멸 예상 지역과 마을에만 시선을 빼앗겨 인구의 큰 흐름을 보지 못하는 측면이 있다. 실은 소멸 마을의 몇 배나 되는 규모로 새로운 마을이 교외, 특히 도시에서 다소 떨어진 중산간지역을 중심으로 생겨나고 있다.

한편 인구감소가 진행되는 가운데 콤팩트시티가 장려되고 있다. 큰 방향에는 잘못이 없지만, 인프라 정비나 ICT(정보통신기술) 발달 덕에 도시나 마을에 의존하지 않고도 살아갈 수 있는 환경이 조성되는 현실도 고려해야 한다. 그런 시대 변화가 교외에 새로운 주택이나 마을 형성을 가속시킨다. 덧붙여 말하면 이런 사회기반 정비와 발전은 인구감소가 진행되는 교외형 마을, 특히 조건이 불리하다고 생각해온 과소過疏지역을 지속적인 생활공간으로 변모시킬 수 있는 가능성을 높여주는 셈이다.

사람 뺏기 경쟁은 이제 그만!

정부의 전략은 지속적인 고용을 만들어 젊은이를 지방에 정착시키는 것을 목표로 한다. 하지만 지방에서 그런 고용환경을 하루아침에 만들어낼 수 있는 것은 아니다. 단기적인 성과만을 요구하는 바람에 보조금 등에 의존한 인구 유치 경쟁에 빠져버리는 현재의 상황이 나는 몹시 우려된다. 이런 상황에서 우리는 다시 생각해보아야 한다. 인구 유치 경쟁을 부추기기만 할 게 아니라 대도시와 지방을 불문해, 이를 테면 인구가 줄어도 풍족하고 안심하며 살 수 있는 사회를 만드는 일이 더 중요하지 않을까.

이런 맥락에서 중산간지역은 도시민의 이주 및 정착을 전제로 삼아 생존 문제를 논의하는 대신 그 지역에 뿌리내리고 살아가는 사람들을 위해 지속 가능한 고용과 일을 만들어내는 데 주력해야 한다. 이런 정책은 단기적으로는 지방의 인구감소를 억제하기 어려울지 모른다. 하지만 이런 모델을 갖출 때 비로소 그 지역에서 터 잡고 살아가는 사람을 일정한 숫자로 유지할 수 있다. 게다가 첨단기술을 바탕으로 사회체제를 바꾸어 인구가 줄어도 편리하고 쾌적하게 살아갈 수 있는 기반시설을 마련하는 게 중요하다. 지역과 마을이 당장의 '생존'만 생각하지 말고 장기적인 안목에서 새로운 터전을 만들어내려는 자세가 절실한 시점이다.

이 책은 인구감소가 불가피한 현실에서 우리 사회가 나아가야 할 올바른 방향과 지속 가능한 지역의 모습을 새로 그려보기 위해 쓰여졌다. 이 책에서는 '지방'이라는 용어를 도쿄와 대비하는 의미로 사용한다. 정확하게는 도쿄권 이외 공간을 가리킨다. 그리고 '대도시'는 3대 도시권을 포함한 전국의 현청 소재 도시 그리고 이와 비슷한 인구를 가진 도시를 말한다.

이 책에는 '중산간지대'라는 용어도 자주 나온다. 이 단어는 도시 이외 거주 지역을 말한다. 너른 땅이 있는 농업지대부터 산간지역에 퍼져 있는 사람의 생활 장소를 일컫는, 다소 막연한 용어라고 이해해주면 좋겠다. 인구밀도 등 명확한 정의에 따라 사용하는 것은 아니며 농림수산성의 정의보다 다소 광범위한, 농산어촌 지역 전부를 아우르는 말임을 밝혀둔다.

다 _ 아이턴보다 먼저 유턴 _ 일자리, 질 좋은 일자리가 먼저 _ 젊은이가 지방에 살아도 출생률은 오르지 않는다 _ 숙련된 외국 인재에 의지한다고?

존 기업을 붙잡는 게 중요해 _ 분배라는 덫에 발목 잡히기 쉬운 행정 _ 지역 협력은 민간 주도로 _ 지방 대학교를 살려라 _ 지방 은행이 할 수 있는 것은 여전히 많다 _ 매출이 아니라 생산성을 높여라 _ 오사카에도 있는 부활의 싹 _ 인구 흐름의 댐이 된 후쿠오카 _ 아시아를 향한 사업 무대로 성장하라

1 장

젊은이는
지방에도 있다

'도쿄로만 인구가 집중'
된다는 오해

'도쿄로만 집중되는 사람들. 즉 도쿄가 젊은 세대를 흡수해서 이를 **빼앗기는** 지방에서는 인구감소와 고령화가 급속하게 진행돼 많은 지역이 얼마 지나지 않아 소멸할 것이다.'

　민간전문가 조직인 일본창성회의가 제시한 이 사고방식은 의외로 아무런 거부감 없이 국민들에게 받아들여지는 분위기다. 지방의 인구감소 마을이나 한계마을이라 불리는 지역, 이미 낯익은 풍경이 되어버린 지방 역 앞의 셔터 내린 상가를 보면 그렇게 느끼는 것도 무리는 아닐 게다.

　더욱이 일본창성회의에서는 출생률이 낮은 도쿄로 젊은 세대가 집중되는 바람에, 나라 전체 출생률을 인구 유지가 곤란한 수준으로 낮추고 있다는 지적까지 하고 나섰다. 도쿄도의 합계특수출생률이 다른 지자체에 비해 낮다는 사실은 잘 알려져 있다. 젊은 세대가 지방에 있어야 사회 전체의 지속성이 높아진다는 논리에는 언뜻 모순이 없는 것처럼 보인다. 이런 지적을 받은 일본 정부는 부랴부랴 젊은이의 지방 정착을 유도하는 정책을 마련하기 시작했다. 2014년에 내놓은 '마을·사람·일 창생종합전략'(뒤에 지방창생전략으로 바뀜)을 토대로 지방으로 새로운 인구를 유입시키는 다양한 사업을 진행해 2020년까지 도쿄와 지방의 전출입 균형을 맞춘다는 목표를 세웠다.

그런데 현재 일본은 정말 도쿄로만 인구가 집중된다고 말해도 좋은 상황일까. 결론부터 말하면 젊은 세대가 도쿄로 모이는 것은 사실이지만. '도쿄로만'이라고 말할 수준은 결코 아니다. 그 규모 역시 지방의 젊은 세대를 온통 흡수해버리는 수준은 절대 아니다.

지방에서 도쿄권으로
유출은 겨우 10만 명

우선 3대 도시권의 인구 유입 변화를 살펴보자. 도시권이란 가령 도쿄도, 지바현, 사이타마현, 가나가와현을 도쿄권이라는 하나의 이름으로 묶어 생각하는 방식이다. 일반적으로는 각 현이 각자 독립된 경제권을 형성하고 있지만, 3대 도시권의 경우 권역 내 교통망이 발달해 역사적으로 현 경계 너머 이주나 취업, 구매행위가 활발하게 일어난다. 따라서 하나의 경제권으로 묶는 것이 여러 모로 편리하다. 마찬가지로 나고야권은 아이치현, 미에현, 기후현으로 구성되고, 오사카권은 오사카부, 교토부, 효고현, 나라현이 묶여 각각 하나의 도시권이 된다.

고도성장기에 3대 도시권의 인구는 급격히 늘었다. 그리하여 최대 전입 초과가 도쿄권 40만 명, 오사카권 20만 명, 나고야권 7만 명이었다(그림 1-1). 그러나 오일쇼크에 따른 경

그림 1-1 3대 도시권의 전입 초과 규모 변화

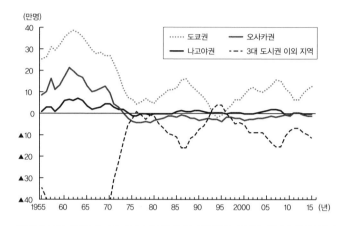

* 도쿄권은 지바현, 사이타마현, 도쿄도, 가나가와현. 나고야권은 아이치현, 기후현, 미에현. 오사 카권은 오사카부, 효고현, 교토부, 나라현
자료: 총무성 '주민기본대장 인구이동 보고'

제 불황을 겪으며 오사카권은 전출 초과로 바뀌었고, 나고야권은 전출과 전입이 서로 밀고 당기는 상황이 지금까지 이어지고 있다. 도쿄권에서는 증감을 반복하다 최근 10만 명 정도 전입이 초과한 상황이다. 3대 도시권 가운데에서 도쿄권만 전입 초과를 유지하는 이런 상황 때문에 '도쿄로만 인구집중'이라는 등식이 만들어진 듯하다.

그러면 도쿄권의 10만 명 전입 초과가 지방에 어느 정도의

그림 1-2 아키타현의 연령별 전입 초과 규모(한 살 단위)

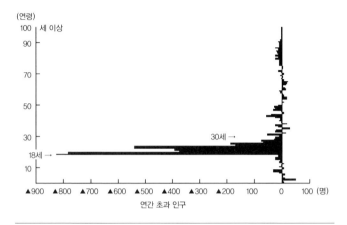

(연령)

100 세 이상

30세 →

18세 →

▲900 ▲800 ▲700 ▲600 ▲500 ▲400 ▲300 ▲200 100 0 100 (명)
연간 초과 인구

*2013년 10월부터 2014년 9월까지 인구 상황
자료: '2014년 아키타현 연령별 인구유동조사 결과(속보)'

충격을 주었는지 살펴보자. 인구 유출이 급격한 아키타현 같은 곳을 봐도 현 경계에 걸친 인구이동은 고등학교 졸업 때인 18세부터 진학, 취업, 전근 그리고 유턴 등이 마무리되는 30세 정도까지 집중되고, 그 이후에는 변동 폭이 급격하게 줄어든다(그림 1-2). 30세를 넘어선 인구의 이동만 본다면 대체로 전출과 전입 제로인 지역이 많은 상황이다. 당연히 도쿄권으로 전입 초과도 18~30세 연령이 중심이다.

그림 1-3 인구이동 전후의 인구 균형(도쿄권과 그 외 지역)

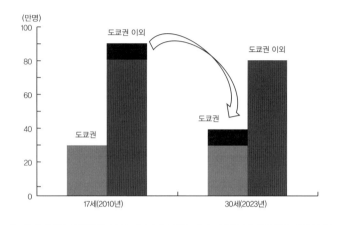

*도쿄권은 지바현, 사이타마현, 도쿄도, 가나가와현. 도쿄권의 전입 초과는 연간 10만 명으로 계산
자료: 총무성 '인구센서스(2010년)'

　따라서 논의를 단순명료하게 진행하기 위해 18~30세 연
령으로만 도쿄권에 매년 10만 명 전입 초과가 이루어진다고
가정해보겠다. 그림 1-3에서 보듯이 2010년에 17세인 연령
층은 일본 전국에 120만 명이 있고, 그 중 도쿄권에 거주하
는 사람은 30만 명, 그 이외 지방 거주자는 90만 명이었다.
매년 10만 명이 도쿄권에 전입 초과를 계속한다고 가정하면
그 연령층이 30세가 되는 2023년에는 도쿄권 거주자가 40만
명, 지방 거주자는 80만 명이 된다.

얼핏 이해하기 어려울지 모르지만 18~30세 인구가 매년 10만 명씩 계속 이동한다는 것은, 특정 연령대가 고등학교를 졸업해서 서른 살이 될 때까지 대략 13년 간 10만 명이 이동하는 것과 같은 의미다.

지방에서 10만 명의 젊은이가 빠져 나온다는 사실은 분명하지만, 달리 말하면 본래 지방에 살던 90만 명 중 약 90퍼센트에 해당하는 80만 명은 30세 이후에도 계속 지방에 거주한다는 의미다. 지방 인구의 10퍼센트 유출에 대한 평가는 사람마다 다를지도 모른다. 하지만 도쿄 한 곳 집중이라는 말에서 받는 인상, 이를 테면 젊은 세대를 도쿄에 통째로 뺏긴다는 인식은 현실과 다르다는 사실을 인정해야만 한다.

지방 중심도시에도
젊은이는 많다

젊은층은 일반적으로 생각하는 것보다 훨씬 더 많이 지방에 정착해서 살아간다. 다만 인구가 적은 지역이나 한계마을에서 젊은이들이 줄어들고 있는 것은 엄연한 사실이다. 그 마을 출신 젊은이들은 어디로 가버린 것일까.

2010년 실시된 인구센서스를 바탕으로 일본 전체 인구 피라이드(남녀별)를 만들었다(그림 1-4). 이 인구 피라미드는 단카이團塊 세대(일본에서 2차대전 이후, 베이비붐으로 태어난 세대)가 중심인 60~64세 연령층의 인구를 1이 되도록 조정한 것이다. 여기서 눈에 띄는 점은 단카이 세대 1에 대비해 20~24세 연령층은 이미 0.6 정도(여자 0.62, 남자 0.66)밖에 없다는 사실이다.

35~39세인 단카이 2세까지는 1에 가까운 수준이지만 그보다 아래 세대는 겨우 15년밖에 연령 차가 나지 않는데도

그림 1-4 일본 전체 인구 피라미드(성별, 5세 단위 인구비율)

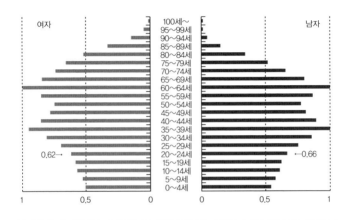

*단카이 세대에 해당하는 60~64세를 1로 했을 때 인구비율
자료: 총무성 '인구센서스(2010년)'

불구하고 세대당 인구 규모가 급격히 줄어들었다는 사실이 확연하게 드러난다. 그러니까 지방의 젊은층이 유출된다는 지적이 분분하지만, 이 연령층은 일본 전체적으로 봐도 급속하게 감소하고 있다는 사실을 염두에 두고 논의를 시작해야만 한다.

다음으로 인구 유출이 급격한 아키타현이나 시마네현의 연령별 인구 피라미드를 보자(그림 1-5, 그림 1-6). 이 인구 피라미드는 왼쪽에 각 현의 군 지역(정町·촌村), 오른쪽에 각 현

그림 1-5 아키타현의 인구 피라미드(아키타시, 아키타현 군 지역, 5세 단위 인구비율)

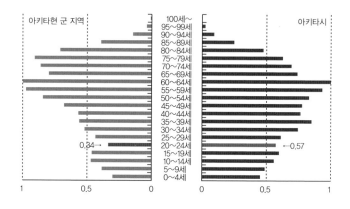

*단카이 세대에 해당하는 60~64세를 1로 했을 때의 인구비율. 아키타현의 아키타시 이외 시 지역은 제외
자료: 총무성 '인구센서스(2010년)'

의 현청 소재지 인구를 연령별(남녀 합계)로 보여주고 거기에 더해 일본 전체 그래프와 마찬가지로 단카이 세대가 1이 되도록 조정했다.

그림 1-5의 아키타현 군 지역을 먼저 살펴보자. 이 지역에서는 단카이 세대 1에 대비해 20~24세 연령층이 0.34에 지나지 않는다. 15~19세는 0.5에 가까운 수준이므로 20세 이상 인구가 지역 밖으로 급격하게 유출되었음을 미루어 짐작

그림 1-6 시마네현의 인구 피라미드(성별, 5세 단위 인구비율)

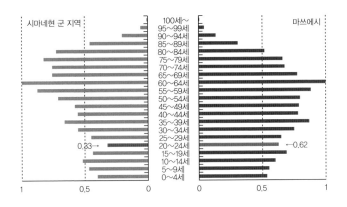

*단카이 세대에 해당하는 60~64세를 1로 했을 때의 인구비율. 시마네현의 마쓰에시 이외 시 지역은 제외
자료: 총무성 '인구센서스(2010년)'

할 수 있다. 실제 인구 유출은 18세부터 시작되기 때문에 한 살 단위로 본다면 더 극적인 변화가 일어난다.

한편 아키타현 현청 소재지인 아키타시의 20~24세 연령층은 0.57로, 어느 정도 유출이 있는 건 맞지만 전국 평균에 가까운 수준이다. 군 지역처럼 급격한 유출이 일어나지 않은 것이다. 마찬가지로 시마네현의 인구 피라미드를 살펴보자 (그림 1-6). 시마네현에서도 20~24세는 군 지역의 경우 0.33

에 불과하다. 유출 경향이 현저한 것이다. 반면 현청 소재지인 마쓰에시에서는 0.62, 전국 평균 수준의 젊은이가 거주하고 있다.

이들 자료를 통해 확연하게 드러나는 사실이 있다. 젊은 세대가 눈에 띄게 유출되는 지역은 지방의 군 단위 비도시 지역, 다른 말로 표현해 농산어촌이이라는 점이다. 반면 대부분의 현청 소재지급 지방 중심도시들은 예상과 달리 전국 평균 수준의 젊은이가 거주하고 있다. 물론 아키타시나 마쓰에시를 떠나는 사람도 있기 때문에 현청 소재지급 지방 중심도시에는 인근 교외 지역으로부터 젊은층이 들어온다고 보는 게 맞다.

도쿄보다 젊은이 비율이
높은 곳들을 보라

인구 유출이 아키타현만큼 크지는 않지만 이시카와현이나 야마나시현을 같은 방식으로 조사해보면 현청 소재지인 가나자와시나 고후시는 20대 전반 인구가 둘 다 0.7을 넘는다. 시 바깥 지역에서 젊은층이 들어오는 것이다.

다음으로 인구 유입이 두드러지는 미야기현이나 후쿠오카현을 보자. 센다이시에서는 단카이 세대를 1로 잡을 때 20대 전반 젊은층 인구가 1로 나온다(그림 1-7). 마찬가지로 후쿠오카현 후쿠오카시 역시 20대 전반 인구가 0.97로, 가나자와시나 고후시보다 더 높은 비율을 보인다. 젊은층이 모여든다는 얘기다.

도쿄권이나 도쿄도를 같은 방법으로 분석해보면 센다이시나 후쿠오카시만큼 젊은 세대가 모여들지 않는다는 사실이 금방 확인된다. 도쿄도 전체 인구 피라미드를 보면 20대 전

그림 1-7 미야기현의 인구 피라미드(센다이시, 미야기현 군 지역 5세 단위 인구비율)

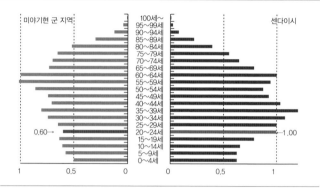

*단카이 세대에 해당하는 60~64세를 1로 했을 때의 인구비율. 미야기현의 센다이시 이외 시 지역은 제외

자료: 총무성 '인구센서스(2010년)'

그림 1-8 도쿄권의 인구 피라미드(5세 단위 인구비율)

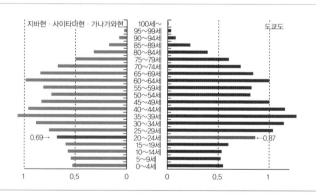

*단카이 세대에 해당하는 60~64세를 1로 했을 때 인구비율

자료: 총무성 '인구센서스(2010년)'

반은 0.87로(그림 1-8), 도쿄 중심부인 23개 구 지역을 보더라도 사정은 비슷하다.

게다가 오랜 기간에 걸쳐 인구 유입이 거의 없는 오사카권의 경우 오사카부를 제외하면 20대 전반 거주자가 0.66으로, 전국 평균 수준에 불과하다. 젊은층이 다른 지역에 비해 많이 모여드는 현상은 거의 없다는 사실이 명백해진다.

결과적으로 볼 때 후쿠오카 같은 지방 중심도시가 매우 강한 흡인력으로 주변 인구를 끌어당기고 있음이 확인되는 셈이다.

지방 중심도시가
젊은이를 빨아들인다

자, 이야기를 정리해보자. 흔히 3대 도시권 가운데 도쿄권만 인구 유입이 계속돼 그 규모가 10만 명에 이를 정도라고 말한다. 그러나 젊은층에 집중해 살펴본 결과, '도쿄에만 사람이 모이고 지방은 일방적으로 빼앗기기만 하는 피해자'라는 단순한 구도는 잘못된 편견이었음이 드러났다.

지방 중심도시 역시 일정한 인구 흡인력이 있어서, 가령 인구 유출이 계속되는 현에서도 현청 소재지급 도시에는 젊은이들이 지속적으로 모여든다. 게다가 광역권 가운데서도 중추 도시인 센다이나 후쿠오카 같은 중심도시에서는 도쿄권을 능가하는 힘으로 사람들을 빨아들이고 있다.

실제로 센다이시나 후쿠오카시에 가보면 거리에 젊은이들이 넘쳐난다. 후쿠오카에서 지하철을 탄다든지, 중심가인 텐진 일대를 걸어보면 정말 젊은이가 많다는 인상을 받는다.

개인적인 시각이기는 하지만 젊은이가 모이는 핫스팟이 여기저기 분산된 도쿄보다도 지방 중심도시의 번화가 쪽이 젊은이 밀집도가 훨씬 더 높다는 느낌이 들기도 한다.

게다가 20대 전반보다 더 위의 연령층을 보아도 상황은 마찬가지다. 센다이시나 후쿠오카시뿐 아니라 가나자와시나 고후시에서도 2010년 기준 35~39세인 단카이 2세를 중심으로 인구가 온전하게 유지되고 있다. 이런 도시는 비단 그 지역에 대학이 있어서 재학 기간에 젊은이가 모이기 때문만은 아니다. 유입해온 인구를 지역에 정착시킬 수 있는 산업이 거기에 있기 때문이다. 우수한 인재를 지역경제로 온전히 흡수한 결과, 인구 유출이 일어나지 않는다.

청춘은 본래 도시를
좋아한다

이처럼 도시로 젊은이를 공급하는 토대는 지방의 군 지역이
다. 젊은층 유출이 계속되는 이들 지역은 인구 희박 지역이
나 한계마을이라는 낙인이 찍혀, 상황에 따라서는 소멸 가능
성까지 거론된다. 지방의 마을이나 소도시의 쇠락은 어느 정
도 불가피한 측면이 있다. 농산어촌 많은 군 지역의 경우 일
자리가 한정되어 있고, 국내 제조 거점의 해외 이전 등으로
그렇잖아도 적던 일자리가 계속 사라지는 상황이다. 젊은이
를 그곳에 잡아둘 만한 매력이 전혀 없다.

　이런 경제 요인 외에 본래 젊은이들은 도시의 삶을 동경하
는 성향이 강하다. 젊은 사람들은 기회만 주어진다면 한가한
농어촌보다는 도회의 삶을 살고 싶어한다. 따라서 군 지역
출신 젊은이가 근교에서 일자리를 얻어도 출신지를 떠나 현
청 소재 도시에 거주하면서 직장까지 먼 거리를 통근하는 사

젊은이들로 가득 찬 도쿄 시부야의 교차로

하지만 꼭 도쿄가 아니라도 청춘은 본래 도회의 삶을 동경한다.
멋있고 새롭고 편리한 것들,
청춘이 좋아하는 모든 게 그곳에 있기 때문이다.

례가 지방에서는 드물지 않다. 젊은이들이 도시로 이주하는 가장 큰 이유로는 대학 진학이나 취직을 들 수 있다. 하지만 육아나 문화생활 등 전반적으로 편리한 도시의 주거환경도 젊은층 유입을 부추기는 무시못할 요인이다.

그리고 20대 전반과는 다르지만 마땅히 진학할 고등학교가 부족한 지역에서는 장남, 장녀의 고교 진학도 하나의 계기가 되는 듯하다. 과거에는 고등학생이 되어도 본인만 기숙사에 들어가는 형태가 대부분이었지만 최근에는 고교 진학 때 가족 모두 도시로 이주하는 사례가 늘고 있다고 한다. 이처럼 자녀 진학 때 교외에서 도시로 가족이 움직이는 추세는 지방 군 지역 출신에 한정되지 않는다. 역으로 아이(I)턴해서 지방으로 이주한 사람도 적지 않기 때문이다. 이렇게 볼 때 자녀교육이 지방 생활에 하나의 장애가 되는 것만은 분명하다.

고령자 지방 이주 정책의
크나큰 함정

정부는 젊은이뿐 아니라 고령자도 희망할 경우 지방 이주를
지원할 방침이다. 50대 남성 중 절반 이상이 지방 이주를 희
망하고 있다는 정부의 독자조사('마을·사람·일 창생기본방침
2015')에 바탕을 둔 정책이다. 고령자가 지방에 살면 간병 등
서비스업 수요가 늘어 젊은이들도 지방에 정착하기 쉬워지리
라 판단한 것이다. 이에 따라 정부는 전국의 고령자 공동체
조성을 지원한다는 방침을 세웠고, 여기에 발맞춰 예산 지원
을 요청한 지자체도 여럿이다.

　나이 많은 사람들 중 60세 전후로 한정해서 살펴보면, 군
지역 중 전입 인구 초과인 지자체가 눈에 띈다. 특히 서일본
지자체에서 이런 경향이 두드러진다. 광역 지자체와 정부의
설문조사에 따르면 이 연령 노년층이 거주지를 옮기는 중요
한 이유는 본가나 논밭 관리를 위한 유(U)턴이 대다수이다.

그러나 고령자의 이동은 빠져나가는 젊은이에 비해 매우 적고, 현 안팎을 불문해 연령별 인구 대비 비율은 젊은층의 10분의 1 이하에 불과하다. 지방 출신 정년퇴직자는 출신지로 유턴하는 것이 당연하다고 생각하는 사람이 있을지 모르겠지만, 실제로 그런 사례는 극히 드물다. 냉정하게 주위를 살펴보면 지방 출신자이면서 정년퇴직 후 본가로 돌아간 사람이 의외로 적다는 사실을 곧바로 알 수 있다.

게다가 75세 넘는 후기고령자들 중에는 역으로 도시로 이동하는 경향이 늘고 있다. 주로 건강 문제 때문이다. 이주해서 도시에 사는 자녀와 합치거나 그들 가까이 거주하거나 아니면 시설에 입소하는 식이다.

UR(독립행정법인 도시재생기구)에서는 이런 인구이동을 바탕으로 도시 근교에서 '가까이 살기'라는 새로운 라이프 스타일을 제안한다. 자녀 세대, 고령자 세대가 일정한 조건 아래 물리적으로 가까운 거리의 UR 임대 부동산에 각각 입주할 경우, 월세를 할인받는 제도이다.

그래서 고령자(60세 이상) 전체 이동 상황을 보면 도쿄권은 약간의 전출 초과이지만 간토 전 지역에서는 전입 초과이다. 그 외 광역 지자체는 제각각이다. 전입 초과인 지자체가 더러 있지만 그렇다고 해도 연간 전입률이 0.1퍼센트를 넘는 곳은 오키나와현뿐이다.

자발적으로 이동하는 젊은 세대와 달리 고령자는 본가나 농지 관리가 필요하다든지, 간병을 받는다든지 하는 현실적 필요에 따른 이동이 대다수다. 50대 남성 반수 이상이 지방 이주를 희망한다는 정부의 조사는 다른 조사 및 현실에 비추어 보면 과대평가되었을 가능성이 높다.

이렇게 말하는 필자 역시 지방 이주에 상당한 매력을 느끼는 편이다. 그러나 일반적으로 여성은 이주를 희망하는 경향이 낮다. 남성 역시 가족과 균형을 맞춰야 한다는 현실적 이유로 인해 이주 적령기인 60세 전후가 되어도 실제 이주자는 많지 않을 수밖에 없다. 정년퇴직을 앞둔 50대 남성은 지방 이주를 노후 선택지의 하나로 생각하지만, 가족의 반대나 그외 여러 조건에 막혀 이주 의지가 서서히 위축된다.

이런 상황에서 보조금을 지급하거나 우대 조치를 통해 희망하는 고령자를 지방에 이주시키려는 정부의 계획은 언뜻 타당해 보인다. 그러나 실제로는 수요를 파악하지 못한 채 수용 지역을 과다 공급할 위험성이 매우 농후하다. 고령자는 그렇지 않아도 젊은이나 육아 세대에 비해 사회보장에서 지나치게 우대받는다는 지적이 나오는 마당에, 고령자 이주 정책이 그런 왜곡을 더욱 심화할 우려가 있음을 간과해서는 안 된다. **게다가 과연 고령자 이주로 서비스 수요가 늘어 젊은이들의 유입을 기대할 수 있을까. 한 가지 사례를 살펴보겠다.**

홋카이도의 다테시는 2000년경부터 고령 이주자를 적극적으로 받아들였다. 이 정책이 성과를 거둬 비슷한 규모의 다른 홋카이도 지자체가 인구감소와 경제활동 정체를 겪는 데 반해 다테시는 땅값이 일정 수준을 유지했고 고정자산세 수입도 감소하지 않았다. 그리고 다양한 서비스 수요가 생기면서 젊은층 유입도 늘었다. 고령자 유치의 성공 사례로 불린다.

그러나 최근 전국의 경기 회복과 함께 인근 삿포로시 등 다른 지역에서 구인이 늘자 다테시의 젊은층 유출이 두드러지게 발생했다. 고령자 유치로 늘어날 것으로 예상했던 다테시의 간병 관련 업종 임금은 여전히 낮은 수준이었다. 따라서 전국적인 호황기에 접어들자 더 이상 젊은이를 잡아두기 어려웠던 것이다.

무작정 젊은이를
지방으로 내몰지 마라

젊은층의 인구이동을 한마디로 정리하면, 농산어촌을 중심으로 하는 군 지역에서 도시로 향한다는 것이다. 도쿄권으로 인구 유입은 일본 전체 인구분포 변화의 한 단면에 지나지 않는다. 실제로는 많은 젊은이가 도쿄만이 아니라 지방 중심도시로 유입되고 있다. 젊은층의 도쿄권 유입을 유난히 문제 삼는 경향도 있지만, 질문을 바꿔 지방 중심도시로 인구가 흘러드는 상황은 어떻게 봐야 할까.

제조업이 해외로 빠져나가면서 인구감소와 함께 서비스 수요도 지속적으로 위축되는 지방 중산간지역에서 인구가 줄고, 전국 대도시로 인구가 유입되는 것은 어떤 의미에서 자연스러운 인구이동이자 되돌릴 수 없는 움직임으로 봐야 한다. 일자리 유무 외에 육아환경이나 생활 편의성 등을 따져봐도 도쿄를 비롯한 도시로 젊은이가 모이는 것은 필연이다.

정부는 2020년까지 도쿄권 전입 초과를 제로로 한다는 방침을 세웠다. 그렇다면 그 인구를 받아들일 대체 지역은 어디일까. 농산어촌으로 연간 10만 명의 젊은이를 계속 보내겠다는 의미일까. 그게 아니라 지방 중심도시를 중요한 대체 지역으로 삼는 거라면, 그 지역을 의도적으로 도쿄보다 젊은층 비율이 높은 도시로 만들 이유가 있는 걸까.

인구 유출이 멈추지 않는 지역에서 한 사람이라도 유입을 늘리려는 것은 당연한 희망사항이다. 아무리 그렇다고 해도 (자세한 것은 다음 장에서 설명하겠지만) 무리하게 지방에 젊은 세대를 정착시켜 봐야 출생률은 기대만큼 오르지 않는다. 나아가 그런 방식은 전체 경제성장 동력을 위축시킬 위험이 있으며, 인구감소 지역의 지속성을 높이는 데에도 별 효과를 기대하기 어렵다.

예를 들어 현재 10만 명에 이르는 도쿄권 전입 인구가 정부의 목표대로 2020년에 제로가 되고 이후 그런 상황이 이어지는 경우를 가정해보자. 지방에서는 젊은층이 유출되던 때에 비하면 12.5퍼센트 정도 인구가 증가한다. 젊은이를 위한 서비스 수요는 확실히 늘어나겠지만, 문제는 이 젊은이를 수용할 만한 일자리가 있느냐 하는 것이다.

2020년까지 단기간에 지방에서 제대로 된 소득을 얻을 수 있는 신규 고용을, 젊은이들을 끌어들일 만큼 충분한 규모로 창출하는 것은 현실적으로 거의 불가능에 가깝다. 따라서 임금이 낮은 업종에 고용보조금을 준다든지 하는 방식으로 무리하게 일자리를 만드는 방식을 택할 가능성이 높다. 한편 도쿄권에서는 젊은층 인구가 자연스럽게 유입되었을 때에 비해 인구가 25퍼센트 감소한다. 그 영향은 매우 커서 젊은이를 위한 여러 서비스가 심각한 타격을 입을 게 뻔하다. 게다가 여러 산업이나 기업에 일손이 부족해져 경제 자체가 제대로 돌아가지 않을 가능성이 있다.

이처럼 쉽게 예상할 수 있는 미래의 모습을 제대로 보지 않고 도쿄권과 지방권의 인구이동을 단기간에 균형 맞추겠다는 발상은 지극히 표피적인 분석에 기초한 잘못된 정책이라 할 수밖에 없다. 도시로의 자연스런 인구 흐름에 무리하게 제동을 걸 게 아니라 인구감소, 특히 젊은층 감소 원인을 제대로 파악해야 한다. 그 이후에야 도쿄와 지방 간 구별 없이 함께 번성할 수 있는 새로운 방식의 지역 만들기를 프로그램을 가동할 수가 있다.

미래 세대를
생각할 것

선진국인 일본은 GDP라는 숫자로 표상하는 성장을 이제는 멈추고, 정신의 풍요나 삶의 보람 등 진정한 의미의 행복을 지향하는 데 주력해야 할 때라는 주장이 최근 여기저기서 나온다.

유감스럽게도 이런 주장에 대해 필자가 명쾌한 대답을 내놓을 수는 없다. 다만 어느 한쪽이 맞는다기보다 양쪽 모두를 목표로 삼아야 하는 게 정답이 아닐까 싶다. 후자가 중요한 것은 말할 나위도 없지만 이미 많은 공적 채무가 있고 게다가 인프라 유지보수비, 사회보장비 같은 지출이 산적한 우리 사회에서는 전자를 무시할 수도 없다.

일정한 경제성장이 없으면 이 부담은 모두 미래 세대에 전가된다. 지금 우리는 인구가 줄어드는 상황에서 한 사람 한 사람이 만들어내는 부를 늘려 경제성장을 일구고 나아가 진정한 의미에서 풍요로운 세상을 추구해야 한다는, 매우 높은 장벽 앞에 서있다.

지방 재생과 함께 현 정권이 추진하는 '1억 총활약사회'는 누가 누구에게 의존하는 것이 아니라, 국민 각자 부를 창출해 풍요로운 사회를 조성한다는 것을 목표로 한다. 물론 미래 세대에 의존해서도 안 된다. 지방이 도쿄에 의존하는 사회 역시 바람직하지 않다. 각 세대와 지역이 자립하는 경제 주체로서 부를 만들어 나가는 사회를 지향해야 한다.

젊은 세대나 고령자의 지방 이주를 유도하는 정부 정책은 개개인의 정신적인 풍요로움을 충족시킨다는 의미에서 일정선 성과를 올릴 수 있을지 모른다. 그러나 경제적 풍요를 안겨주는 성장을 소홀히 하면서까지 도쿄와 지방의 인구이동 균형을 맞추려고 한다면, 자칫 미래 세대의 부담을 늘릴 뿐 아니라 일본 전체를 쇠퇴의 길로 이끌 수 있다.

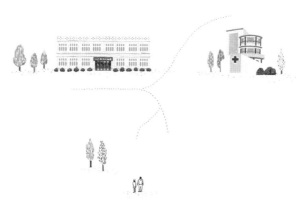

2장

인구 흐름에
섣불리 손대지 마라

아주 이상한 인구 정책

인구이동은 어디까지나 결과일 뿐, 목표로 삼아서는 안 된다.

3대 도시권에 많은 인구가 유입되던 고도성장기가 오일쇼크를 계기로 종언을 고하자 나고야권과 오사카권의 인구 증가는 멈추었다. 대신 도쿄와 지방 중심도시로 흘러드는 사람들이 눈에 띄게 늘었다. 1972년부터 동일본 대지진 1년 전인 2010년까지 인구이동을 보면 후쿠오카시의 경우, 많았던 해에는 1만 7,000명 전입 초과였다(그림 2-1).

센다이시는 자료가 나와 있는 1989년 이후를 보면 연평균 2,800명 전입 초과였다. 다만 2000년대로 들어오면 전체적으로 전입과 전출이 밀고 당기는 형태로, 지속적인 전입 초과 상태는 아니었다(최근 센다이시에서 전입 초과가 급격하게 일어난 것은 대지진의 영향으로 재해지역 유입이 늘면서 인구증가에 따라 경기가 좋아진 서비스 산업이 고용을 확대한 이유도 있다).

그림 2-1 지방 중심도시의 전입 초과 규모

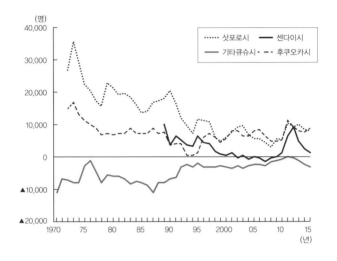

범례:
- ······ 삿포로시
- ━━━ 센다이시
- ━━━ 기타큐슈시
- ─ ─ ─ 후쿠오카시

자료: 총무성 '주민기본대장 인구이동 보고'

　전후 일본 부흥을 떠받쳐온 도시 중 하나라고 할 수 있는 기타큐슈시의 경우, 전입 초과 시기도 있었지만 일찍이 1965년부터 전출 초과로 돌아섰다. 1972년 이후를 보면 연간 4,400명 전출 초과로 나타난다. 기타큐슈시는 중후장대 산업인 제철 등 소재산업을 중심으로 하는 전후 부흥의 중심 제조거점이었다. 하지만 전반적인 산업구조가 바뀌고 산업 현장의 기계화 등으로 오랜 기간에 걸쳐 인구 유출이 이어지는 상황이다.

　인구이동은 경제와 주거환경. 역사문화 등 도시가 가진 종합적인 힘을 반영한 결과라고 이해하는 것이 중요하다. 인구감소가 진행되는 중산간지역에서 이주자 끌어들이기 대책 등을 세워 현상 유지를 꾀하려는 노력이 완전히 틀렸다고 생각하지는 않는다.

　그러나 그런 대책은 한정된 파이를 서로 차지하려고 싸우는 제로섬 게임에 가까운 측면이 있다. 총인구가 줄어드는 일본에서는 마이너스섬 게임이라고 불러도 좋겠다. 당연히 성공하는 지역이 있으면 노력이 결실을 보지 못하는 지역도 있다는 것을 알아야 한다. 인구이동은 애초부터 지방자치단체가 대처할 수 있는 수준을 넘어선 문제이다.

　이주자 대책에 실패한 지역이 나오는 것은 인구이동이 경제와 고용의 상태에 크게 영향을 받기 때문이다. 게다가 많은 중산간지역의 경제 활력을 끌어올리는 것은 하루아침에 가능하지 않기 때문이다. 정부는 지방으로 이주를 촉진하는 데 힘을 쏟고 있지만 너무 서두르면 일본 전체 인구 분포에 왜곡이 생기거나 극히 일부 성공 사례만 만들어내는 것에 그칠 우려가 있다.

지자체에 인구 청사진이
왜 필요하지?

전국의 지차체가 2015년 중앙정부의 지방 재생전략에 바탕해 지방판 종합전략을 만들었다. 정부와 지자체 모두 달성해야 할 목표인 인구 청사진도 제시했다. 행정이 전략을 만들 때는 그 성과를 가늠할 수 있는 지표가 필요하다. 지방 재생전략에서는 최종으로 달성해야 할 수치 목표를 일정 수준의 인구로 잡은 것이다.

정부는 앞으로 지방자치단체의 인구가 점점 감소한다고 예상한다. 이번에 만들어진 지방자치단체 인구 청사진의 대부분은 출생률 향상과 인구 이동을 통해 감소폭을 줄이고, 가능하다면 현상 유지하는 것을 목표로 삼고 있다.

지자체가 출생률 올리기에 나서는 것 자체는 바람직하지만, 그 목표 달성은 그리 간단하지 않다. 재원이라도 충분하다면 육아 세대에 현금 지원을 늘리거나 보육원 시설 정비를 추진하는 등 여러 정책을 펼 수 있다. 그러나 서구 선진국을 봐도 그런 대책이 반드시 출생률을 높이는 것으로 이어지지는 않았다. 이런 사정을 감안한다면 지금 상태에서 출생률을 올릴 수 있는 효과적인 방법은 사실상 없다고 보는 게 맞다.

외부에서 젊은층을 흡수한다는 목표 역시 공허하기는 마찬가지다. 그 지역 출신 젊은이조차 잡아두지 못하는 상황에서 이주해 온 젊은이를 정착시킨다는 게 어디 간단한 일이겠는가. 간혹 이주자 대책에 성공한 지역이 있기는 하다. 그러나 그런 지역은 이미 오랜 기간에 걸쳐 이주자의 생활을 돕기 위한 기반을 만들어왔거나 도시 주민에게 매력적인 자원이 풍부한 경우이다.

지금 나오는 지방 재생전략대로라면, 행정이 일정 수준의 인구 달성을 목표로 잡은 뒤 단기적으로 성과를 내기 위해 보조금에 의지하는 무리한 정책을 펴지나 않을까 우려된다.

일이 있어야
사람이 모인다

사람을 끌어들여 오랜 기간에 걸쳐 정착하도록 유도하기 위해서는 무엇보다 그들에게 어울리는 일이 있어야 한다. 일이 줄어들어서 사람이 빠져나갔는데 여전히 일이 없는 상태에서 상황을 바꾸는 건 불가능에 가깝다.

중산간지역에서 일이나 생업을 잃으면 곧바로 인구 유출이 생겨나는 대표적인 사례로 탄광지역을 들 수 있다. 많은 지역에서 탄광이 문을 닫으면서 급격한 인구 유출에 직면했다. 예를 들어 홋카이도 유바리시의 인구는 1960년 정점을 맞았으나 그 후 불과 5년 사이 20퍼센트에 이르는 2만 명 이상이 감소했다. 그 시기인 1963년 유바리 지역에서 처음으로 호쿠탄유바리 제3탄광이 폐광했다. 이를 계기로 유바리 지역에서는 눈사태라도 나듯 폐광이 잇따랐고, 수많은 사람들이 유바리를 떠나갔다. 1990년 마지막 탄광이 문을 닫은 후에도

홋카이도의 옛 탄광촌인 유바리시

사람들을 끌어들이던 탄광이 문을 닫으며 썰물처럼 인구가 빠져나가는, 이른바 탄광촌의
흥망성쇠를 온몸으로 경험한 이 도시가 바닥을 치고 부활하기 위해 안간힘을 쓰고 있다.

인구감소는 멈추지 않고 있다.

임업이 성했던 지역에서도 외국 자재 수입이 활발해져 목재 가격이 떨어지자 많은 임업 종사자가 산을 내려갔다. 산간지역의 생업인 목탄이나 땔감, 양봉 등의 산업이 1960년대부터 1970년대에 걸쳐 급속하게 쇠퇴했고, 생활을 지탱하던 귀중한 현금 자원을 잃은 지역에서는 인구감소에 박차가 가해졌다.

이 같은 사례에서 보듯 일이 없는 곳에는 사람이 정착할 수 없다. 지극히 당연한 사실이다. 특히 젊은층은 육아 등을 위해 일정한 수입이 필수이다. 너무 뻔한 말이 아니냐고 반박할 사람도 있을지 모르지만 현재 지방 재생을 위해 돌진하는 정부와 지방자치단체는 이렇듯 당연한 사실을 간과하는 느낌이 있다.

어느 지역이든, 젊은층이 지속적으로 생활하려면 일정한 수입을 기대할 수 있어야 한다는 당연한 진리를 명심해야만 한다.

지방 재생이 정착 보조금 정책으로 쪼그라들고 있다

보도에 다르면, 지방 재생전략이 본격화한 이후 지방 이주 움직임이 활발해지고 있다. 먼저 도쿄 쪽 변화가 큰 듯하다.

고도성장기 이후 일본에서는 도쿄를 비롯한 대도시가 성장 거점이 되어 젊은층을 모았다. 대도시가 만들어낸 부를 전국 방방곡곡에 분배해 나라 전체의 성장으로 이어가는 게 전통적인 성장모델이었다.

그러나 거품 붕괴 이후 이런 성장모델은 바뀌기 시작했다. 게다가 2000년대로 접어들면서 도쿄 등 대도시의 성장이 따라주지 않자 대도시가 더 이상 경제성장의 견인차가 될 수 없다는 사실이 분명해졌다(후지나미 다쿠미, 《지방도시재생론》 니혼게이자이신문사, 63쪽). 그로 인해 젊은이들은 갈 곳을 잃었고 그 중 일부는 원하는 일을 할 수 없어 소득이나 취업 환경이 윗세대에 비해 나쁜 상황에 놓였다. 이른바 '잃어버린 세대(로스트 제너레이션)'의 등장은 젊은이들의 이런 어려움을 대변한다. 젊은이들이 지방에서 사는 것을 고려하는 이유도 이런 경제환경 변화와 무관하지 않다. 그들 처지에서 본다면 지극히 당연한 판단이라고 할 수 있다.

그런 한편 젊은층 이주나 주거를 기대하는 지방의 환경도 크게 변해가고 있다. 무엇보다 수용 태세가 바뀌었다.

대략 10년 전만 해도 중산간지역은 매우 배타적이었다. 외부에서 이주해온 사람을 거부하는 분위기도 아주 강했다. 일찌감치 젊은 이주자를 많이 받아들여 앞서 나간 지역도 10~20년 전에는 다른 중산간지역과 비슷한 상황이었다.

그러나 인구감소가 눈에 띄게 드러나고 경작하지 않는 땅과 빈집이 늘어나는 등 지역 쇠퇴가 분명해지면서 일부 지역이 적극적으로 이주자를 받아들이는 방향으로 선회했다. 이렇게 앞서 나간 지역으로 이주한 많은 젊은이들이 그 지역 유지에 없어서는 안 될 만큼 맹렬한 활약을 펼치는 사례가 하나 둘 생겨났다. 그러자 관망하던 다른 지역들도 완고하던 사고방식을 바꾸는 추세다. 그래서 지금은 경쟁하듯 많은 지역이 이주자 유치에 나서고 있다.

이주자를 환영하는 지역이 늘어나면서 예전에 비해 이주

자체가 젊은이에게 상당히 손쉬운 선택지가 되었다. 도쿄에서 이주 박람회를 열면 상담 희망자가 쇄도할 정도로 지방 생활을 원하는 젊은층이 늘어난 상황이다. 개인적인 판단에 따라 이주나 시골생활을 택하는 것도, 나아가 한 명이라도 더 많은 이주자를 유치해 지역을 유지해 나가려는 정책도 존중해야 한다. 그러나 생활의 토대가 갖춰지지 않은 지역에서 과도한 보조금에 의존해 이주 촉진 정책을 도입하면 이주자와 지역 모두에게 좋지 않은 결과를 낳을 가능성이 높다.

일반사단법인 이주·교류추진기구 홈페이지에는 전국 지방자치단체가 내세운 5,910가지 이주 지원책이 나와 있다(2015년도 판). 2013년도 판에는 521개가 소개되어 있었으니 최근 빠른 속도로 그 종류가 늘어난 셈이다. 각 지자체가 시행착오를 겪으면서 인구 유치에 집중하고 있는 현실을 고스란히 반영한다. 그런데 그 지원 제도를 살펴보면 대부분이 주택 구입 관련 비용이나 월세 일부 일시 보조 또는 육아나 취업 지원을 위한 일시적인 보조금 지급이다. 취업 연수기간부터 여러 해에 걸쳐 다달이 생활비를 제공하기도 한다. 주택 수리비용 일부를 부담하거나 고정자산세를 감면하는 것은 일시적인 이주 지원으로, 합리적인 제도라고 말할 수 있을 것이다. 하지만 매달 지급하는 생활비의 경우, 지자체 간 경쟁으로 금액이 계속 올라갈 우려가 있다. 이미 다소 과하다고 생각되는 재정적 지원을 해서 이주자를 늘리는 데 성공한 지역도 나온 듯하다. 각 지방자치단체가 인구 청사진을 그려 목표치를 설정했기 때문에 이대로 놔두면 지원 경쟁이 서서히 달아오를 게 뻔하다.

물론 정부가 제시하는 지방 재생전략에는 그 지역에 일을 만들어 젊은이를 불러들이는 방안이 제시되지만, 이를 단기간에 달성할 수 있는 지역은 극히 드물다. 이런 상황에서 각자 설정한 인구 목표치를 채우려다 보니 지방 재생전략이 거주 보조금에 의지하는 이주 정책으로 왜소해질 우려가 있다.

일자리를 찾기 어려운 지역에서 아이턴을 받아들이는 경우에도 이런 유형의 보조금은 가능하면 단기간으로 제한해야 한다. 대신 경제적 자립을 유도하는 체제를 만드는 데 자원을 투입하는 게 옳다. 정부나 지방의 재원은 젊은 세대가 어디에 살든 가능한 한 높은 소득을 올리는 일자리를 구해 세금을 내고 자녀를 키울 수 있는 사회 체제를 갖추는 데 쓰여야 한다.

적은 돈으로 살 수 있다며
유혹하지 마라

이주자를 끌어들이려는 지자체에서 종종 소득이 적어도 생활이 가능하다는 점을 내세우기도 한다. 실제로 총무성 사업인 '지역부흥협력대'*는 연간 생활비로 약 200만 엔을 지급한다. 주택 등을 따로 제공하기도 하는데 그것만으로 충분한지 아닌지는 별개로 하더라도, 당장 생활할 수 있는 기본 생활비를 정해놓은 셈이다. 따라서 소득이 적어도 살 수 있다는 일부 지자체의 선전문구가 거짓은 아닐 것이다.

대도시에 살면서 지방으로 이주하고 싶어하는 젊은층의

● 지역부흥협력대 제도는 주민등록을 도시에서 인구가 적은 지역으로 옮겨 지역 농림수산업에 종사하거나 지역 생산품을 개발하고 주민 생활을 지원하는 등의 '지역협력 활동'을 하는 사람을 지방자치단체가 지역부흥협력대원으로 위촉하는 제도이다. 임기는 최장 3년이고 대원에게는 생활비로 연간 평균 200만 엔, 기술에 따라 최대 250만 엔을 지급한다. 또 별도 활동비로 200만 엔, 생활비가 증액되는 경우 전체 액수 한도 400만 엔이 지급된다. 이외에 임기가 끝난 뒤 창업을 하려는 사람에게 자금을 지원하는 제도도 있어서 그대로 지역에 정착하는 사람이 많은 것 같다.

벼 수확을 마친 농촌

평화로워 보이는 풍경이지만 농민의 삶은 생각보다 고되다.
경제적으로 자립하는 일도 그리 녹록치 않다.
이런 현실에서, 이상화된 전원생활을 미끼로 젊은이를 유혹하는 건 무책임한 발상이다.

소득을 보면 비정규직의 경우 지역부흥협력대와 비슷한 수준이다. 게다가 그 소득을 얻기 위해 삶이 피폐해지는 사례도 적지 않다. 소득이 적은 상황에서 주거비 등 기초생활비가 높은 대도시에 계속 사는 것은 쉽지 않다. 비슷한 소득이라면 정신적인 풍요로움을 좇아 지방 생활을 택하는 편이 올바른 판단일 수도 있다.

다만 적은 비용으로 살 수 있는 마을이라고 해도 정상적으로 일해서 그 정도 소득을 확실하게 보장받을 수 있는지는 따져봐야 한다. 실제로 많은 이주자들은 대도시에 비해 턱없이 낮은 임금에 맨 먼저 직면한다. 같은 직종의 일이라도 대도시와 지방 사이에는 임금 격차가 있다. 지방에서 대도시와 같은 수준의 소득을 얻으려면, 더 긴 시간 노동을 감수해야 할지도 모른다. 게다가 신규 취업을 희망하는 사람이라면 한 가구가 먹고 살 정도의 소득을 올리는 것도 쉽지 않다.

가령 시골로 내려가 농사를 지어 먹고 산다고 가정해보자. 전체 농가의 12퍼센트에 지나지 않는 전업농가는 연간 500만 엔 이상의 농업 소득을 올리고 있다. 하지만 농가 전체 평균 농업 소득은 132만 엔에 불과한 실정이다. 신규 취업해서 1~2년 안에 판매 가능한 작물을 생산해 생계를 유지할 만큼 매출을 올리는 것은 현실적으로 매우 어렵다. 연간 100만 엔을 얻는 것조차 버거운 실정이다.

시골생활을 원하는 젊은 세대 중에는 자급자족을 꿈꾸는 사람이 적잖을 것이다. 대량 소비사회에 대한 혐오나 도전의식 등 이유는 다양하다. 완전한 자급자족은 어렵겠지만 '농민적 삶'에 기초한 시간제 노동이나 아르바이트를 한다면 그 비슷한 생활은 가능할지 모른다. '농민적 삶'에 대해 딱히 정해진 형식이 있는 것은 아니지만, 말하자면 판매 목적의 농업이 아니라 흙을 만지며 자연의 변화에 순응하는 생활이라고 할 수 있을 것이다. 매일 경쟁하는 사회에 살아온 젊은 세대가 이런 삶을 꿈꾸는 마음은 충분히 이해가 간다.

그러나 우리 사회의 경제성장이나 지속성이라는 관점에서 보자면 이야기는 달라진다. 젊은 세대가 이런 생활에 빠지는 것에는 사회적으로 허용되는 범위가 있다. 필자 역시 '농민적 삶'에 대한 로망이 남 못지않지만, 동시에 세금이나 사회보장, 가족의 생계유지 등 젊은 세대가 부담하지 않으면 안되는 사회적 현실이 엄연하게 도사리고 있다. 이런 상황에서 멋지게 시골생활을 감행할 수 있는 사람은 극소수일 거라고 생각된다. 게다가 농산어촌에 사는 사람들이 모두 소득이 낮고 검소한 생활을 한다고 단정하는 것도 무리다. 뒤에 설명하겠지만 세대 소득으로 보면 도쿄와 차이 나지 않는 농산어촌도 드물지 않다.

적은 소득으로 살 수 있다고 해도 지방이 일종의 이상향인 듯 환상을 품게 만들어서는 곤란하다. 어디서 살든 그 나름의 도전과 노력을 기울이지 않고는 안정된 생활을 영위할 수 없다는 점을 분명히 알려야 한다. 지방정부 역시 제대로 된 소득을 낼 수 있는 사회 구조를 만든 이후 젊은이를 불러들이는 작업에 팔을 걷어붙여야 한다. 이것은 대도시 역시 고민해야 할 공통 과제이다.

시골생활이라는
꿈에는 위험도 크다

지방으로 이주하는 사람이 직면하는 최대의 장애는 안정적인 수입원 확보이다. 지역부흥협력대에 참가하는 젊은이들 중에는 3년이 지난 뒤 정착을 희망하는 사례가 많다. 고치현에서는 70퍼센트 넘는 대원이 정착을 원한다고 한다. 이 협력대 대원들 역시 지속적으로 정착을 이어가는 데 가장 큰 어려움으로 소득을 꼽는다.

그렇다면 옛날부터 지방에서 살아온 사람들은 어떻게 생계를 유지하는 걸까. 지방의 소득이 낮다거나 생활비가 싸다는 말을 많이 하지만, 세대 소득으로 보자면 지방이 반드시 저소득이라고 할 수도 없다.

총무성 가계조사에 따르면 호쿠리쿠 지방에 속하는 3개 현의 세대 소득은 골고루 높다. 그 중에서도 유난히 높은 후쿠이현의 경우 도쿄도를 넘어설 정도다.

지방에서는 다세대 거주가 일반적이고 세대 구성원 중 두 명 이상이 취업한 경우가 많다. 따라서 세대 소득 수준도 올라간다. 세대 구성원 중 누군가는 공무원인 경우도 드물지 않다. 그리고 부동산 소득이 있는 세대, 생산하는 농림수산물이 유행을 타고 팔려 고소득을 얻는 세대 등 부유한 세대*가 많은 것도 사실이다. 세대 소득이 높으므로 여러 세대가 함께 사는 큰 집을 짓고, 자녀교육도 충실하다.

　게다가 지방은 지연·혈연으로 단단하게 얽혀 있다. 그러므로 그 지역 출신 젊은이라면 실업 등으로 수입이 일시 끊길지라도 크게 걱정할 필요가 없다. 부모나 친지, 지인으로부터 경제적 도움을 받기가 매우 용이하며 그들의 소개를 통해 어렵지 않게 다른 일자리를 찾아낸다는 이점이 있다.

　그러나 젊은 아이턴 이주자의 경우, 부동산 수입이나 여러 세대 공동생활은 꿈꿀 수 없다. 혼자 혹은 부부 두 사람의 소득으로 생활해야 한다. 매일의 생활비는 어떻게 마련한다고 해도 주택 수리비나 자녀교육비 등 일정한 저축도 필요

● 시골 저택이라는 말이 유명한데, 그런 집을 지을 만큼 큰돈을 버는 1차 산업 생산물 인기가 최근에도 여전하다. 나루토킨토키로 유명한 도쿠시마현에서는 지금도 이런 저택을 짓는다고 한다.

하다. 특히 비어있던 큰 집에 사는 경우, 해가 지나면서 노후해지는 주택을 고쳐가며 살려면 적지 않은 목돈이 필요하다. 이주한 지 얼마 되지 않아 불안정한 경제 상태에서 그만한 저축을 만들기는 쉽지 않다. 이주자는 주변에 친척도 없어서 세대 수입이 끊기면 곧바로 시골생활을 포기할 우려도 있다. 이렇듯 시골생활에는 의외로 적잖은 위험이 도사리고 있다.

받아들이는 마을은
그만한 각오가 돼있는가?

아이턴을 통해 연고도 없는 지방으로 옮겨가 사는 젊은 이주자에게 중산간지역 생활은 위험도가 높다. 이주 이후 일정 기간 수입원을 마련하는 일이 막막하다는 건 이미 각오했더라도, 그런 상황이 예상보다 오래 지속되거나 생각했던 수입이 끊기면 삶 자체를 이어갈 수가 없게 된다.

이주자 정착률을 조사한 통계가 있는 건 아니지만 이주자를 받아들이는 지역에서는 그들이 얼마 지나지 않아 떠나버린다는 인상이 여전히 강하다. 아이턴한 많은 젊은이가 제대로 정착하지 못한다는 것은, 거주를 위해 필요한 수입을 얻기가 그만큼 힘들다는 사실을 반증한다.

그리고 육아를 해야 하는 젊은층 이주자에게 중산간지역이나 낙도의 교육환경은 만족할 만한 수준이라고 말할 수 없다. 이미 많은 초등학교가 폐교나 휴교를 했고, 이주 세대 어린이가 학교 버스나 부모의 차를 타고 먼 거리로 통학할 수밖에 없는 경우도 부지기수다.

2015년 문부과학성이 학교 통폐합 관련 지침을 제시했다. 폐교는 지역 쇠퇴로 직결될 우려가 있기 때문에 규모가 작더라도 학교를 유지한다는 뉘앙스를 담고 있지만, 그 내막을 들여다보면 얘기가 달라진다. 중산간지역 소규모 학교는 걷거나 자전거를 타는 경우 4킬로미터 이내, 버스 통학의 경우 한 시간 이내 거리면 통학 가능 범위로 간주한다. 예전보다 먼 거리의 학교와 통합을 염두에 둔 지침이다. 중산간지역으로 이주하자마자 학교 통폐합이 진행돼 자녀가 버스 통학을 해야 하는 일도 당연히 생길 것이다. 자녀교육에 관심이 높은 세대가 이런 상황을 맞지 않기 위해 이주를 포기한다고 해도 하등 이상할 게 없다.

젊은 아이턴 이주자를 받아들인다는 것은, 그 지역이 그들의 인생을 떠안는 것과 같다고 할 수 있다. 받아들이는 마을은 그만한 '각오'를 하고 있는지 다시 질문을 해봐야 한다. 그렇다면 이주자가 직면하는 여러 어려움을 해결하기 위해 앞서 나간 지역은 어떤 대응을 하고 있을까. 이주자를 받아들이는 데 성공한 지역의 '각오'를 살펴보자.

이렇게까지 해서 이주자의
경제적 자립을 뒷받침한다

우선 이주자의 경제적 자립을 위해 지역이 최대한 지원하고 있는 사례를 보자. 후쿠시마현 니혼마쓰시의 도와 지구는 예전부터 유기농이 활발해 이주 희망자가 끊이지 않는 지역이었다. 그러나 유기농 마을로 지명도가 있는 이 지구에서도 아이턴하는 사람이 농업만으로 생계를 유지하기는 쉽지 않은 실정이다. 따라서 이 지구에 이주한 사람을 받아들이는 창구인 NPO 법인 '유기의 고장 도와마을만들기협의회'가 중심이 되어 과보호라고도 할 수 있을 만큼 든든한 이주자 지원 정책을 시행한다.

우선 농업 초보자로 아이턴한 사람은 약 1년 동안 농업 연수를 받아야 한다. 연수 기간에는 연수를 하는 농가에 얹혀 사는 형태로 철저하게 농업의 기초를 배운다. 그 기간 동안 이주자가 살 주택이나 경작할 농지를 협의회가 중심이 되어 찾는다. 2년째 이후부터 이주자는 자력으로 생산활동을 하고, 협의회는 수확물의 판로를 소개한다. 그래도 농업을 통한 이주자의 연수입은 100만 엔에 미치지 못한다. 생활 유지가 어려운 것이다. 이를 위해 협의회에서는 건설업이나 양조판매점 등 농한기 일자리를 소개해 이주자의 수입을 보충할 방도를 찾아준다.* 농한기의 현금 수입은 이듬해 봄에 자재나 비료 등을 구입해 농업을 계속 이어나가는 데 없어서는 안 될 귀중한 재원이다.

아이턴한 사람의 경제적 자립을 위한 지역의 대응으로는 도쿠시마현 미나미정 이자리 항구 사례도 주목할 만하다. 이자리 항구에서는 지역 학교를 살려나가기 위해 부모와 자녀가 함께 하는 어촌 유학 프로그램을 실시한다. 이 제도가 효과를 발휘해 이곳은 주변 해안에서 유일하게 학교를 유지하는 데 성공했다. 인구가 불과 100명 규모인 작은 마을임에도 불구하고, 이 항구에서는 어린이의 모습을 쉽게 볼 수 있다.

이자리의 정책은 단순히 학교를 유지하기 위해 어린이를 끌어들이는 데 머물지 않는다. 원칙적으로 부모와 자녀가 함

• NPO 법인 유기의 고장 도와마을만들기협의회가 구체적으로 어떤 일을 하는지는 행사에 참가해 직접 듣는 한편 NPO 법인 귀향지원센터 홈페이지를 참조했다.

께 유학 오거나 이주하도록 장려하고 그 부모의 일자리까지 지원하는 것이 특징이다. 어부가 되기를 희망해 아이턴한 사람을 위해 어선 선원으로 일할 기회를 제공한다든지, 옛날부터 이 지역의 주된 어로 방식인 해녀식 전복, 바닷가재 채취로 생계를 유지하려는 사람에게는 어업권을 개방하는 식이다. 언뜻 당연해 보일지 모르지만 어부에게 어업권은 불가침의 권리이다. 따라서 대부분의 경우 어업권 개방에는 저항감을 갖는 게 현실이다.

이자리의 정책은 일본 전국에서도 보기 드문 사례라고 할 수 있다. 통상적으로 어업권은 엄격하게 제한돼 있어서, 이주자나 권리를 갖지 않는 주민은 해산물을 채취할 수가 없기 때문이다. 하지만 이자리 항구에서는 어업권을 가진 어부도 이주자도 평등하게 해녀 활동을 한다. 이렇게 하다 보니 어업권을 가진 나이든 어부보다 아이턴한 신참 젊은 어부의 수확량이 더 많다는 이야기도 들려올 정도다.

아이턴한 사람이 지방에서 경제적인 토대를 확보하기 위해서는 본인의 노력은 물론이고 받아들이는 지역의 지원이 무엇보다 중요하다. 앞서 나간 지역에서는 후쿠시마현 니혼마쓰시 도와 지구처럼 과보호라고도 할 만큼 적극적으로 신규 취농 지원을 하거나, 도쿠시마현 이자리 항구의 어업권 개방처럼 지금까지 없던 두터운 지원체제를 갖춰 이주자를 받아들이고 있다.

지방에서 젊은이를 받아들일 때 정부에서 타내는 보조금만 기대하거나 막연히 빈집이 있으니까, 하는 식으로 안이하게 접근해서는 눈에 띄는 성과를 낼 수 없다. 지방 재생이란, 마을 주민이 뼈를 깎는 '각오'로 나서야 하며 주민 스스로 바뀔 때에만 가능한 것이다.

이주자를 위해
휴교 중인 학교를 다시 열다

다음으로 교육환경에 대한 대응을 살펴보자. 지역에 초등학교가 없어서 먼 거리를 걷거나 오랜 시간 버스를 타고 통학해야 한다면 자녀를 키우는 세대를 끌어들이는 데는 커다란 감점 요인이 된다. 처음부터 없었다면 어찌 해볼 도리가 없지만, 과거 있었던 학교가 폐교가 아닌 휴교 상태라면 아직 가능성은 있다.

예를 들어 구마모토현 다라기정의 공립 쓰키기초등학교는 어린이가 아무도 없어 7년 간 휴교 상태였다. 그러던 2014년 아이턴해 이 지역에 들어온 세대에서 새로 입학하는 어린이 한 명이 생기자 다시 문을 열었다. 이 지역 교육위원회는 학교에 다녀야 할 어린이가 있고 지역의 요청이 뒤따른다면, 학교를 다시 여는 것이 바람직하다고 판단했다. 물론 여러 가지 조정이 필요하다. 학교장은 그 마을 내에서 20킬로미터 떨어진 구메초등학교장이 겸직하고, 인구가 적은 곳이므로 학교 시설을 다른 목적의 복합공간으로 활용하는 지혜가 필요하다. 나아가 가장 가까운 구메초등학교와 수업 진도를 맞춰가면서 정기적으로 통합 수업도 진행한다. 평상시 혼자 수업받는 쓰키기초등학교의 어린이가 집단생활에 거부감을 느끼지 않고 자라날 수 있도록 배려하는 것이다.

이런 사례는 아직 많지 않지만 과거의 사례를 찾아보면 전혀 없었던 것도 아니다. 오카야마현 가사오카제도 섬인 무시마에 있는 가사오카 시립 무시마초등학교도 4년 간 휴교 상태였지만 2007년에 다시 문을 연 뒤 지금은 여러 어린이가 재학 중이다. 두 학교는 폐교가 아니라 휴교 상태였다는 공통점을 지닌다. 폐교의 경우 기초 지자체 의회 심의를 거쳐 현의 교육위원회에 폐지를 신청해야 한다. 반면 휴교는 학교교육법상 명확한 정의가 없이, 현재 재학생은 없지만 학교 자체를 존속하는 상태를 말한다.

2014년 기준, 일본 전국에는 휴교와 마찬가지로 학급 개설이 없는, 말하자면 학생 숫자 제로인 공립초등학교가 약 300개 있다. 하지만 매년 폐교하는 학교 숫자가 300개 정도인 것을 감안하면 휴교 상태로 학교를 유지하는 사례는 결코 많지 않은 수준이다. 휴교 상태로 문을 닫은 학교는, 언제든 다시 문을 열 수 있도록 시설을 유지해야 한다. 여기에 경비가 들기 때문에 지자체 재정에 부담을 줄 수가 있고, 건물을 다른 용도로 바꿔 쓰기 어렵다는 문제점도 생긴다. 지방자치단체가 폐교 쪽으로 방향을 틀기 쉬운 이유다.

하지만 이후 지역에 어린이가 생겨 이미 폐교한 학교를 다시 여는 것은, 새로 학교를 만드는 일에 비견될 만큼 어렵다는 사실을 잊지 말아야 한다. 더구나 지역에서 이주자 유치 등을 검토한다면 휴교 상태로 두는 쪽이 좋다. 인구가 적은 지역에서 이주자를 받아들이기 위해서는 학교를 언제라도 다시 열 수 있도록 하는 등의 유연한 운영이 필요하다. 이주자를 끌어들이는데 학교가 있느냐 없느냐는 매우 중요한 문제이기 때문이다. 이것은 비단 해당 부모만이 아니라 공동체 전체 차원에서 바라보아야 할 문제이다.

다시 한 번 정리하자면, 이주자가 거주하기 쉬운 환경을 만들기 위해서는 먼저 일정한 수입을 확보할 수 있는 토대를 제공해야 하며, 나아가 교육환경을 마련하는 등 지역 전체가 다각적으로 지원하는 대책이 필요이다.

아이턴보다 먼저 유턴

젊은층의 지방 이주에 적잖은 위험이 따른다는 사실을 이미 지적했다. 다만 이는 이주자의 아이턴을 전제로 한 이야기이다. 반면 그 지역 출신자가 다른 도시에서 생활하다 고향으로 돌아오는 유턴이라면 어떨까.

일반론에 따라 유턴하는 사람이 가족과 같이 살거나 근처에 주택을 마련하는 경우라면, 상황은 아이턴과는 전혀 달라진다. 수입이 끊길 경우 아이턴하는 사람은 시골생활을 포기할 수밖에 없지만 유턴이라면 가족이나 친척의 지원을 받아 어려움을 극복하기가 훨씬 수월하다. 나아가 농지 취득이나 사업 기회를 생각해도, 네트워크가 이미 구축되어 있는 지역 출신자가 유리하다는 것은 새삼 말할 필요조차 없다.

이런 점을 고려할 때 아이턴 희망자를 불러들이기 위해 열심인 지역에서도 새로 정착하는 데 어려움이 덜한 유턴 희망자를 첫 번째 타깃으로 삼아보면 어떨까 싶다. 게다가 애초 그 지역 출신 젊은이의 대도시 유출을 막을 수 없는 상황에서, 그렇게 뚫린 구멍을 아이턴하는 사람을 끌어들여 메운다는 논리는 그 자체로 상당한 모순을 내포하고 있다. 지역 출신자가 생업으로 삶을 유지하며 긍지를 갖고 고향의 매력을 알릴 수 있는 상황이 아니라면, 아이턴한 사람의 정착은 현실적으로 어렵다고 보는 게 타당하다.

이미 말한 대로 아이턴한 사람을 정착시키기 위해서는 지역의 각오와 지원이 필요하다. 그들을 지원하는 사업이 애초 계획했던 것보다 훨씬 더 큰 비용이나 시간을 요구하는 경우도 있을 것이다. 게다가 단기적인 성과만 생각한다면 결국 과잉이라고 할 수 있는 거주 보조금 등에 의존하는 지역이 늘어날 수밖에 없다. 안타깝게도 그런 유인책을 통해 들어온 이주자의 상당수는 보조금이 끊기자마자 지역 밖으로 나가버린다. 따라서 우선 유턴을 타깃으로 삼아 젊은 세대를 끌어들이는 방법을 검토해야 한다.

일자리,
질 좋은 일자리가 먼저

말했다시피 일본 정부는 2020년까지 도쿄권과 지방권의 인구이동 균형을 맞추겠다는 정책 목표를 세웠다. 이에 대해 이 책에서는 인구이동이 도시나 지역이 갖는 종합적인 힘의 차이에 따라 발생하는 결과물로, 그 흐름을 의도적으로 교란시키는 정책은 바람직하지 않다는 점을 이미 지적했다. 다만 두 주장 다 인구 흐름을 인위적으로 바꿀 수 있음을 전제로 한다는 데에는 차이가 없다.

따라서 다음과 같은 의문을 갖는 사람이 있을지도 모른다. 도쿄 등 대도시로 인구가 계속 유입되는 상황에서 정부가 추진하는 지방으로의 인구 분산 정책이 정말 실효성이 있기는 한 것인가. 결론부터 말하면 그것이 가능하다는 점을 역사가 보여준다.

통계가 나와 있는 1954년 이후를 보면, 1994년과 1995년

그림 2-2 도쿄권 전입 초과 규모와 공공사업비 변화

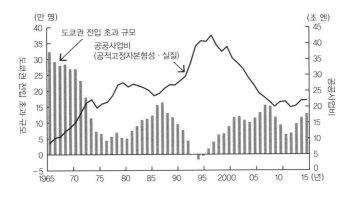

*공공사업비는 국민경제계산의 공적고정자본형성(실질)으로 파악. 1993년까지는 68SNA(1990년 기준), 1994년 이후는 93SNA(2005년 기준)의 각각 고정기준년 방식을 적용. 물론 두 방식은 연속성이 없지만 편의상 같은 계열로 간주했다. 도쿄권은 지바현, 사이타마현, 도쿄도, 가나가와현.
자료: 총무성 '주민기본대장 인구이동 보고', 내각부 '국민경제계산'

딱 2년 동안 도쿄권 인구가 전출 초과하며 지방권과 이동 균형이 맞았다. 그 외 시기에는 가령 오일쇼크 이후에도 도쿄권 전입 초과가 연간 5만 명, 최근에는 10만 명을 넘어서고 있다. 그렇다면 1995년 즈음 도쿄권의 전출 초과에는 어떤 요인이 작용했던 걸까. 이 시기는 거품 붕괴 이후 경기대책으로 공공사업비(공적고정자본 형성 금액에 해당)가 그때까지의 두 배에 이르는 40조 엔으로 확대되었다(그림 2-2). 즉 정부

가 공공사업을 적극 실시해 지방에 돈을 흘려보내면서 도쿄보다 좋은 조건으로 지방에서 일할 수 있는 기회가 생겨났던 것이다. 그러자 사람들이 움직이기 시작했다. 도쿄를 떠나 지방으로 내려가 정착하는 사례가 늘어난 것이다.

이런 역사적 사례는 공공사업을 통해 인구의 지방 유입을 유도하려는 정책이 지닌 두 가지 문제점을 고스란히 보여준다. 첫째, 막대한 재원이 필요해 지극히 비효율적이다. 둘째, 지속적인 인구 유동을 구축할 수 없다. 공공사업비가 과거의 두 배에 해당하는 40조 엔으로 늘어났다는 것은, 본래 20조 엔이던 예산에 20조 엔을 추가했다는 뜻이다. 물론 신규 20조 엔이 전적으로 지방에만 투입된 것은 아닐 터이다.

과거 실적을 볼 때 일본의 공공사업이 지방의 경기를 자극했다는 사실은 틀림없다. 과거 40년의 자료를 봐도 공공사업비가 많은 해에는 도쿄도의 유효구인배율이 상대적으로 낮다는 게 드러난다(그림 2-3). 그리고 공공사업비가 대략 35조 엔까지 늘어나면 도쿄권의 유효구인배율은 전국 평균보다 적어진다(그림에서는 마이너스). 공공사업의 효과로 지방에서 일이 창출되어 사람들이 지방으로 가기 쉬운 환경이 만들어지는 것이다. 다른 말로 하면 공공사업에 한정하지 않고

그림 2–3 공공사업비와 도쿄도 유효구인배율의 관계

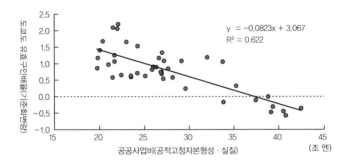

$y = -0.0823x + 3.067$
$R^2 = 0.622$

(조 엔)

공공사업비(공적고정자본형성 · 실질)

*공공사업비는 국민경제계산의 공적고정자본형성(실질)으로 파악. 1993년까지는 68SNA(1990년 기준), 1994년 이후는 93SNA(2005년 기준)의 각각 고정기준년 방식을 적용. 물론 두 방식은 연속성이 없지만 편의상 같은 계열로 간주했다. 유효구인배율의 기준화변량=(도쿄도 유효구인배율−일본 전국 광역 지자체 유효구인배율 평균)/(광역지자체 유효구입배율 표준편차).
자료: 후생노동성 '일반직업소개상황', 내각부 '국민경제계산'

15조 엔의 매출을 올리는 산업이 지방에서 창출될 때 비로소 도쿄의 전입 초과가 제로로 돌아선다는 의미이기도 하다.

다만 15조 엔 규모의 산업이라는 점을 짚고 넘어갈 필요가 있다. 공공사업이 아니고서는 이 정도 규모의 생산활동을 만들어내기란 그리 간단치 않다. 공공사업비 15조 엔을 늘릴 때의 고용 창출 규모를 고용자 일인당 임금이나 사업구조가 바뀌지 않는다고 가정한 뒤 산업관련표를 이용해 계산해보면 공공사업 부문을 중심으로 여러 산업에서 200만 명 이상이라는 결과가 나온다. 이것은 지방에서 200만 명의 고용이 발생한다고 해도 그 대부분을 지역 내 노동 이동에 써버린다는 의미이다. 이 정도의 고용 창출 금액을 투입해야 비로소 현재 10만 명에 이르는 도쿄권 전입 초과를 제로에 가깝게 만들 수 있는 것이다.

정부는 지방 재생전략으로 10만 명이라는 도쿄권 전입 초과를 제로로 만들어 도쿄와 지방의 인구이동 균형을 맞추기 위해 지방에 10만 명분의 고용을 만들겠다고 말한다. 그러나 이 정도의 신규 고용 규모는 도쿄로 인구이동을 억제하는 효과를 기대하기 어렵다. 실제로 지방 재생 첫 해인 2015년, 정부와 지방자치단체의 다양한 지원책이 나왔다. 나아가 이주 박람회 등 여러 활발한 움직임이 펼쳐졌음에도 불구하고, 도쿄권은 전년 대비 1만 명이 전입 초과한 것으로 나타났다. 도쿄의 호경기가 만들어낸 결과이다. 정부와 지방자치단체의 지원을 받아 지방으로 향하는 사람 수가 늘고 있는지 모르지만, 다른 한편에서 지방 출신자가 지속적으로 도쿄로 들어오는 상황이 빚어지는 것이다.

물론 지방 재생전략을 표방하는 정부가 공공사업을 지방

고용의 토대로만 생각하는 것은 아니다. 다양한 산업을 일으키킨다는 목표 자체는 올바른 발상이다. 그럼에도 이렇듯 인위적인 정책을 통해 10만 명 규모의 인구이동을 역류시킨다는 바람에는 확실히 무리가 있다. 지방의 고용 창출을 인구이동과 별개로 생각하는 발상의 전환이 필요하다.

공공사업 이야기로 돌아가 일본의 재정 상황을 고려해봐도, 이주 촉진책으로 공공사업을 선택하는 건 점점 더 녹록치 않아 보인다. 게다가 앞서 지적한 것처럼 공공사업으로 창출된 일자리는 지속성을 갖기 어렵다. 댐 건설 등을 생각하면 쉽게 알 수 있다. 현장 일이란, 사업비가 있을 때에 한정돼 생겨나는 일자리이다. 댐이 완성돼 사업비가 투입되지 않으면 옛 탄광지역에서 살펴보았듯이 사람들은 다른 지역으로 가버린다. 예를 들어 야마나시현 하야카와정에서는 전원 개발이 진행되던 1960년 즈음까지는 인구가 1만 명을 넘었다. 하지만 개발 종료와 함께 인구가 급감해 1965년까지 불과 5년 만에 약 40퍼센트가 감소했다. 그 후에도 인구감소는 멈추지 않았고 고령화 경향도 점점 더 심해졌다.

2001년에 발족한 고이즈미 준이치로 내각은 거품경제 붕괴 후 경제 대책을 실시하기 이전 수준으로 공공사업비를 규제했다. 그러자 도쿄권의 전입 초과는 다시 10만 명 수준을 회복했다. 물론 공공사업이란 경기 전체를 자극할 목적으로 실시되는 사업이다. 단지 사람의 이동을 꾀하기 위해 실시하는 차원으로 이루어져서는 곤란하다. 정부 역시 과거의 문제를 되짚어 단기적인 성과만 추구하지 않고, 함부로 돈을 뿌리는 선심성 정책은 시행하지 않는다고 지방 재생전략에 명기했다. 공공사업에 의존하지 않겠다는 의미이다.

그러나 각 지자체가 인구감소 억제를 정책 목표로 내걸어 인구청사진을 만들고 게다가 2020년이라는 지극히 가까운 미래에 도쿄와 지방 간 인구이동 균형을 맞춘다는 정부 목표가 설정된 이상, 지방자치단체를 중심으로 형태를 불문한 정책이 추진될 가능성은 농후하다. 어느 쪽이든 공공사업으로 사람을 끌어들이려 한다면, 그것은 지극히 비효율적이고 일시적인 방편에 지나지 않을 게 틀림없다.

그러면 거주 보전금은 어떨까. 이주자에게 직접 지급되는 거주 보조금은 그들의 생활에 직접적으로 도움을 주기 때문에 일정 부분 효율적이다. 그러나 이주자도 부가가치가 높은 일을 통해 지역 경제를 부흥시켜야 할 주역이며 나아가 세금이나 사회보장을 책임져야 하는 사회 구성원임을 고려할 때,

공적자금에 의존한 생활이 길어져서는 곤란하다. 거주 보조금은 주택 취득이나 빈집 리모델링 등 이주 초기에 필요한 목돈을 지원하는 형태에 머물러야 한다. 장기간에 걸친 생활비 지급 같은 공약을 남발해서는 절대 안 된다.

거듭 강조하거니와 인위적인 일자리를 통해 도쿄와 지방의 인구이동 균형을 맞추는 건 사실상 불가능에 가깝다. 그러므로 지방의 지속적인 발전을 위해서는 당장은 유입 인구가 적더라도 차근차근 지속성 있는 일자리와 고용을 창출해, 젊은이들이 자발적으로 찾아오는 마을을 만들어가는 전략이 필요하다.

젊은이가 지방에 살아도
출생률은 오르지 않는다

정부가 젊은 세대의 지방 이주를 유도하는 데에는 출생률이 낮은 도쿄에 젊은 세대가 모일 경우, 일본 전체 저출산을 가속화할 우려가 있다는 생각도 작용하는 듯하다. 젊은 부부가 지방에 살면서 희망하는 숫자의 자녀를 낳아 잘 키우자는 등의 슬로건을 내세우는 이유가 여기에 있다.

그러나 이는 매우 잘못된 인식이다. 지방으로 젊은 세대가 이주한다고 해서 한 명의 여성이 낳는 자녀수가 늘어나는 것은 아니기 때문이다. 물론 합계특수출생률을 보면 도쿄도의 출생률이 눈에 띄게 낮다(그림 2-4).

하지만 이것은 도쿄권 가운데에서도 도쿄도에 대학교나 전문학교가 많이 분포하고 무엇보다 고학력 젊은 세대가 집중된 것에 더 큰 원인이 있다. 평생 낳는 자녀수는 초혼이나 초산 연령과도 관계가 있다. 이런 요인들로 인해 도쿄권 전

그림 2-4 광역지자체별 합계특수출생률(2014년)

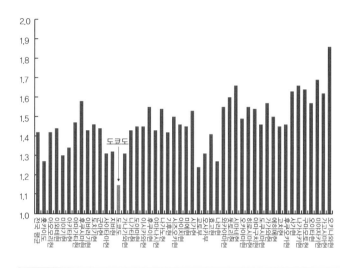

자료: 후생노동성 '인구동태조사'

체 출생률이 낮은 것이다.

게다가 이런 상황은 도쿄에서만 나타나는 게 아니다. 사실은 지방에서도 DID, 즉 인구 집중 지역에서 여성 한 명이 낳는 자녀수는 도쿄권과 큰 차이가 없다.* 지방이더라도 인구가 집중된 도시에서는 도쿄와 같은 수준으로 학생이 많고, 여성의 초혼 연령도 높기 십상이다. 게다가 아파트 등 도시적인 생활을 하는 사람이 많아 전체적으로 자녀 숫자가 적다.

반대로 지방의 비DID 지역은 자녀 숫자가 많다. 출생 인구가 많은 비DID 지역들을 살펴보면, 보육원 시설이나 출산·육아 제도가 충실해 전반적인 육아환경이 좋다. 게다가 그런 지역에서는 본가의 도움을 받아 육아를 하는 사례도 적지 않다. 물론 본가의 지원을 받는 것은 그 지역 출신자에 한정된 이야기일 것이다. 유턴해서 부모와 같이 살거나 근처에 거주할 경우 기대할 수 있는 이점이다.

정부는 젊은 세대의 지방 이주를 재촉하고 있지만, 과연 이주자가 어떤 지역에 사느냐 하는 문제까지 면밀히 고려한 정책일까? 지방에서도 젊은 세대가 모이는 곳은 현청 소재지 인근 중심도시이다.

일자리나 육아환경, 생활 편의시설 등을 고려할 때 이주자

● 오카다 데쓰로, 〈'도쿄 한 곳 집중 개선'을 위한 저출산 정책의 타당성을 묻는다—지역별 생산 관련 지표가 시사하는 점〉 JR리뷰 2015 Vol.6, No25 60~62쪽. DID의 출생 자녀 평균은 간토 1.52, 홋카이도 1.64, 도호쿠 1.64, 주부 1.65, 긴키 1.68, 주고쿠·시코쿠 1.71, 규슈·오키나와 1.69로 전체적으로 0.19 정도의 차이가 난다. 한편 비DID는 홋카이도가 극단적으로 낮은 1.47, 간토 1.76, 기타 도호쿠 1.98, 주고코·시코쿠 1.97, 규슈·오키나와 2.11로 차이가 더 큰 0.64이다. 결국 지역별 출생자 숫자 차이는 비DID의 출생 특성에 따라 생겨나는 것이며 DID에서는 거의 지역 차이가 발생하지 않는다는 것을 알 수 있다또 별도 활동비로 200만 엔, 생활비가 증액되는 경우 전체 액수 한도 400만 엔이 지급된다. 이외에 임기가 끝난 뒤 창업을 하려는 사람에게 자금을 지원하는 제도도 있어서 그대로 지역에 정착하는 사람이 많은 것 같다.

들이라고 다르지 않다. 그들 역시 지방으로 가더라도 중심도시를 선택할 가능성이 높다. 설령 정부가 계획하는 인구이동이 나타난다고 하더라도, 젊은 세대가 도회적인 삶을 선호하는 한 기대하는 출생률 상승효과를 동반한다고 장담할 수 없는 이유가 여기에 있다.

숙련된 외국 인재에
의지한다고?

정부가 내세운 지방 이주촉진책에는 간과해서는 안 될 함정이 하나 더 있다. 일본이 경제성장을 추구하면서도, 정작 일본인과 외국인 인재 활용 방침에 차이를 둔다는 점이 바로 그것이다. 사실 일본인과 외국인을 불문하고 유능한 인재라면 그들을 필요로 하는 지역에서 활용할 수 있는 체제를 갖춰야 한다. 그러나 정부의 성장전략에서는 그 둘을 나눠서 생각하고, 이로 인해 생겨나는 위화감이 적지 않다.

정부는 도쿄를 비롯한 대도시의 성장이 필수라는 인식 아래 우수한 해외 인재를 적극 받아들이겠다고 선언했다. 정부가 매년 만드는 '기본방침'(경제재정 운영과 개혁의 기본방침 2015)에서는 '도쿄 등 대도시는 국제경쟁력이 있는 창조거점으로서, 환경 정비나 대도시 방재능력 향상 등 도시 재생을 전략적으로 추진한다'라는 목표를 적시하고 있다. 게다가 매년 수정하는 성장전략('일본재흥전략' 개정 2015)에서는 '우수한 해외 인재를 확보하는 경쟁이 전 세계적으로 치열한 가운데 일본 경제의 새로운 활성화를 꾀해 경쟁력을 높이기 위해서는 해외의 우수한 인재를 불러들이는 일이 필수이다'라는 방침을 명시했다. 이런 방침을 구체화하는 정책으로 2020년까지 현재의 두 배에 해당하는 6만 명의 ICT 기술자를 주로 아시아에서 불러들여야 한다고도 밝혔다. 도쿄도가 방안을 마련하고 정부가 인정한 국제전략종합특구에서도 '아시아헤드쿼터특구'라는 이름을 달아 외국 기업과 외국 인재 유치를 전략의 중심으로 삼고 있다.

이미 말했듯 일본에서는 도쿄의 성장력에 그늘이 지고, 이로 인해 나라 전체 성장이 정체되고 있다. 일본이 성장하기 위해서는 대도시의 성장이 필수라는 인식 및 그를 위해 숙련된 인재가 필요하다는 사고방식에 토를 달 생각은 없다. 능력 있는 외국 인재를 받아들이는 것은 지자체가 원하는 바이며, 그런 맥락에서 정부의 대응은 다소 늦은 감이 있다.

정작 위화감이 드는 것은, 정부의 국가 성장전략과 지방재생전략 간 심각한 엇박자이다. 먼저 국가 성장전략을 살펴보자. 이 정책의 밑바탕에는 일본이 국제경쟁력에서 이겨 국가 전체의 성장을 견인해야 함에도 불구하고 도쿄를 비롯한 대도시 인재가 부족하다는 인식이 깔려 있다. 그 인재를 숙련된 외국인으로 보충하겠다는 것이다. 그런데 지방 재생전략에서는, 도쿄권과 지방의 인구이동 균형을 맞추기 위해 자연스런 인구 흐름을 교란하면서까지 일본의 젊은 세대를 지방으로 끌어내리겠다고 표방한다. 이런 정부의 방침을 극단적으로 해석하면 도쿄 등 대도시 첨단산업에서 부를 창출하는 많은 숙련된 외국 인재에 맡기고 일본인은 그렇게 생겨난 부에 의존해 중산간지역에서 마음 편하게 살아가는 사회를 구상하는 것처럼 느껴진다. 내 시각이 너무 꼬인 것일까?

인구의 지역 간 이동은 도시나 지역이 지닌 경제 활력 및 매력의 종합적인 차이에서 발생하는 결과물이다. 경제가 성장하는 곳으로 사람이 흘러가는 것은 자연스러운 현상이다. 특히 인구감소가 불가피한 일본에서는 귀중한 젊은 세대가 가능한 많은 부를 생산하는 산업에 종사하도록 독려해야 한다. 그래야 나라 전체의 성장을 기대할 수 있다.

해외에서 숙련된 인재를 불러들이는 것 자체는 필요하다. 그러나 해외의 인재들 역시 성장이 기대되는 곳이 아니라면 굳이 이주해올 이유가 없다. 외국인을 우대하는 제도를 몇 개 만든다고 해도,

그들을 받아줄 구체적이고 매력적인 일자리가 없다면 그들이 도쿄를 선택할 리 없다. 아무리 공항이나 호텔 등 인프라를 정비해도 중요한 관광자원에 매력이 없으면 관광객이 오지 않는 것과 같은 이치다.

지적하고 싶은 것은 일본의 성장을 지탱하기 위해 외국인을 끌어들이려 한다면, 도쿄 스스로 국제적인 경쟁력을 갖춰 외국인의 선택을 받는 도시가 돼야 한다는 사실이다. 이는 해당 지역 출신자가 생업으로 생계를 유지하며 긍지를 갖고 자기 고향의 매력을 홍보할 수 없는 상황이라면 아이턴한 사람의 정착 역시 어려운 것과 같은 논리다. 사람의 이동을 통해 경제성장을 꾀하고 사회 문제를 해결하려 들어서는 안 된다. 한정된 조건과 자원을 활용해 가능한 한 그 안에 사는 사람들이 경제를 일으키고 과제를 해결해 나가겠다는 의지가 선행되어야 한다. 그 과정에서 매력을 어필해 사람들의 시선을 이끌어내는 것. 일본인 젊은 세대를 받아들이든 외국인을 끌어들이든 다를 게 없다. 지금 정부가 추진하는 지방 재생 목표로는 나라 전체의 미래가 제대로 그려지지 않는 이유가 여기에 있다.

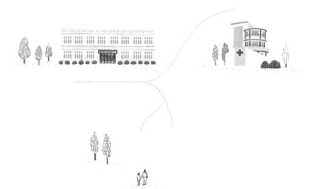

3 장

매력적인 일이
사람을 불러모은다

간병을 일자리 만들기로
생각하지 마라

일이 없는 곳에 사람이 정착하기 어렵다는 이야기를 거듭 강조했다. 더불어 과거의 공공사업을 분석하면서, 정책적으로 고용을 창출해 도쿄와 지방의 인구이동 균형을 맞출 수는 있지만 그러자면 막대한 공적 자금이 필요하기 때문에 현실적이지 않다는 점도 지적했다.

이 장에서는 지속적인 지방 생활이 가능하기 위해서는 어떤 발상으로 일과 고용을 창출해야 하는지 생각해본다. '지방 소멸'이라는 말로 전국의 지자체에 강렬한 충격을 준 것은 일본창성회의라는 민간전문가회의다. 나아가 이 회의는 지방 소멸과 도쿄권 고령화라는 현실적 문제를 타개하기 위한 여러 정책을 제안했다. 그것이 정부 정책에 즉각적으로 포함되는 절묘한 협력 관계를 이루면서 도쿄권과 지방의 인구이동 균형을 맞추려는 정책이 시작되었다. 일본창성회의와 정부의 긴밀한 협력에 바탕한 정책 수립은 지방 쇠퇴를 공론화해 국민의 위기감을 높였다는 의미에서는 적지 않은 공헌을 했다.

하지만 일본창성회의에서는 출산 가능 연령 여성에만 주목해 도쿄로 인구가 몰리는 것을 집중적으로 문제 삼고 있다. 이에 따라 정부의 정책에까지 젊은 여성의 지방 정착에 주목한 내용이 담겼을 정도다. 예를 들어 일본창성회의에서 2014년에 발표한 '스톱 저출산·지방활성화전략'이 있다.※ 이 문건에서는 도시 고령자의 지방 이주가 지방의 고용 기회를 창출하는 데 효과가 있다고 적시한다. 간병 서비스가 압도적으로 부족해질 우려가 있는 도쿄권 등 대도시의 고령자가 지방으로 이주해 관련 서비스업의 고용을 늘리면 대도시로 흘러들기 쉬운 젊은 여성의 고용을 더불어 만드는 토대가 될 수 있다는 것이다.

그러나 이미 1장에서 홋카이도 다테시의 사례를 통해 살펴보았듯이 고령자 서비스가 고용의 토대라는 인식은 매우 위험하다. 최근 경기 회복과 함께 전국에서 구인이 늘자 다테시

※ 일본창성회의, 〈스톱 저출산·지방활성화전략〉 2014년 5월 8일 43쪽. 지방으로 사람을 끌어들이는 매력 만들기와 관련된 제언을 담고 있다.

간병 서비스를 늘려 젊은이를 끌어들인다고?

하지만 유감스럽게도 간병 관련 일자리는 젊은이들에게 인기가 없다.
일은 고된 반면 저임금에 시달리는 직종이기 때문이다.

에서 젊은 세대가 빠져나가기 시작해 전 세대 전출 초과 상태로 돌아선 것이다. 15~64세 생산 연령에서는 2010년 이전 5년 간 연평균 10명 이상 전입 초과였으나 2014년에는 111명 전출 초과로 상황이 급반전했다.* 특히 한창 일할 나이라고 할 수 있는 25~44세의 경우, 2010년까지 5년 간 연평균 64명 전입 초과였으나 2014년 들어 21명 전출 초과로 돌아섰다.

간병이나 기타 관련 서비스업 일손이 부족한 가장 큰 이

---

* 2010년까지 자료는 인구센서스, 2014년 자료는 주민기본대장 인구이동 보고, 모집단이 일치한다고 볼 수 없다는 점은 주의가 필요. 둘 다 조사 실시는 총무성.

유는 고질적인 저임금이다. 임금 구조 기본통계조사에 따르면 케어 매니저를 제외하고 일반적인 홈 헬퍼나 간병시설 직원의 급여는 연간 300만 엔에 미치지 못한다. 종사자의 평균 연령이 높은데도 불구하고 여성의 평균소득보다 60만 엔 정도 낮은 수준이다. 게다가 급여가 노동 강도와 정비례하는 것도 아니어서 일은 힘든 반면 임금은 낮다는 인상이 강하다. 결과적으로 이 분야 근속 연수는 5~6년으로 다른 업종에 비해 짧다. 아무리 지방의 고용이 적다고 한들, 간병이 고용의 토대가 되어서는 그 지역 평균소득 수준을 낮게 묶어버리는 결과만 낳을 게 뻔하다.

젊은 세대가 줄어드는 사회에서는 무엇보다 젊은이가 더 높은 소득을 얻을 수 있는 일자리를 개발하고 산업구조 자체를 바꿔가는 태도가 필요하다. 간병을 지방의 고용 토대로 생각하는 것이야말로 구태의연하고 안일한 발상이다. 게다가 보조금을 뿌리는 등 무리하게 인구이동을 유도하는 정책을 펴지 않는다면 지방에서는 고령자 역시 줄어들 것이다. 고령자가 감소하는 마당에 간병 서비스에 기대기보다는 부가가치 높은 산업으로 재편해 나가려는 과감한 정책이 절실한 시점이다.

간병업계의 과제를
해결하는 새로운 기술

고령자 이동과 관련해 한 가지만 더 짚고 넘어가려 한다. 지방이 고령자를 받아들이면 단기적으로 간병 일자리 등의 구인이 늘어나는 건 사실이다. 그러나 이에 부응하는 구직자가 있다고 단언할 수는 없다. 간병 일자리에 뛰어들 인력을 지속적으로 확보하는 가장 좋은 방법은 따로 있다. 해당 직종의 급여를 올리는 등 노동환경을 개선하는 것이다. 그러나 간병이 필요한 사람당 인력을 현재처럼 투입하고 게다가 그 재원이 간병보험료인 상태에서 종사자의 급여를 올리기란 현실적으로 매우 어렵다.

종사자 일인당 소득을 끌어올리는 가장 효과적인 방법은 정부의 전략('마을·사람·일 창생 기본방침 2015' 2015년 6월 30일 각의 결정)에도 담겨있듯 현장과 관리 부문의 기술혁신 및 ICT, 로봇 등을 도입해 노동생산성을 높이는 것이다. 간병 분야는 사람과 사람, 마음과 마음으로 만나는 서비스이므로 기술혁신의 혜택을 보기 힘들다는 지적도 만만치 않다. 그러나 서비스 수준을 떨어뜨리지 않고 더 적은 일손으로 간병을 하기 위해서라도 ICT나 로봇 도입은 필수적이다.*

구체적으로 살펴보자면 이미 진행되고 있는 인체 감지 센서를 통한 보호서비스 확대, 간병이 필요한 사람의 정보 클라우드화, 동영상 자료 송수신을 통한 건강상태 확인 및 투약 관리, 간병이 필요한 사람과 헬퍼의 신체적 부담을 덜어주는 각종 장비 등도 적극 도입할 필요가 있다. 손쉬운 일은 아니겠지만 새로운 기술 도입 없이 간병업계가 안고 있는 과제 해결은 불가능하다.

---

* 호시 다카코, 《도쿄권의 고령자 간병 과제와 그를 위해 필요한 체제─기반이 될 고령자 생활 거점 확보를 위한 과제》 일본종합연구소 JRI리뷰 Vol.10, No.29 44쪽 참고할 것.

인구 유동성을 높여라

비단 지방뿐만이 아니다. 다소 시간 차는 있겠지만 얼마 지나지 않아 대도시에서도 인구감소는 불가피하다. 따라서 각 산업의 생산성 제고 및 부가가치 높은 산업으로 노동력을 이동시키는 작업은 필수다. 이런 상황에서는 대도시가 꼭 인구를 빨아들이는 구심점 역할을 하리라고 단정할 수도 없다. 이미 말했듯 3대 도시권 중 오사카와 나고야는 오일쇼크 이후 오랜 기간 인구 수용 지역이 아닌 상태다.

특히 오사카권에서는 장기간 전출 초과가 이어지고 있다. 통계에 따라 다소 차이는 있지만 5년마다 실시하는 인구센서스를 기본으로 하고 그 사이를 총무성의 '인구 추계'로 보완해 살펴볼 때 오사카권 전체 인구는 21세기 들어 대략 1,850만 명 수준이다. 다만 2010년 이후 인구가 눈에 띄게 감소해 2014년에는 최다였을 때보다 13만 명 줄어든 상황이다.

오일쇼크 이후 오랜 기간에 걸쳐 전출입 균형을 이루다 약간의 전출 초과 상태가 이어진 오사카권에서는 이미 젊은 세대 전입을 통한 인구증가가 불가능해졌다. 그 결과 오사카권 인구 피라미드는 일본 전체 인구 피라미드와 비슷한 모양을 이룬다. 단카이 2세들이 출산 적령기를 지나고 있고, 현재 상태로 인구 유출입과 출생률이 계속되는 한 오사카도 전국과 마찬가지로 한 세대를 25년으로 잡을 경우, 세대마다 젊은 인구가 대략 30퍼센트씩 감소하게 된다.

나고야권도 마찬가지다. 나고야권은 2008년 1,140만 명을 정점으로 2014년까지 약 5만 명이 감소했다. 이곳은 3대 도시권 가운데에서도 제조업 의존도가 가장 높은 산업구조이다. 제조업은 수익성을 높이기 위해 쉼 없이 기계화나 ICT를 도입한다. 그 결과 기업 수익이 오른다고 해도 생산현장의 종업원은 줄어들 수 있다. 나고야권에서는 2007년 도요타자동차가 사상 최고 수익을 올리는 등 리먼 쇼크를 맞기 전까지 수년 간 지역경제 사정이 좋은 상태였다. 하지만 그 기간에도 전입 초과는 그리 많지 않았다.

오사카와 나고야는 현재보다 획기적으로 성장하지 않을 경우 인구 유입을 기대하기 힘들다고 봐도 무방하다. 그러나 이런 상황이 반드시 부정적인 것만은 아니다. 대도시보다 성장 가능성이 높은 중소도시나 지방이 있다면, 그곳에서 인구를 수용하면 된다. 일본 전체의 경제성장을 높이기 위해서도 당연히 그런 지역으로 인구가 이동하는 것을 막지 않는 게 바람직하다.

예를 들어 후쿠오카시는 안정된 전입 초과 상태를 유지하면서 규슈와 서일본 경제를 이끌어가는 도시로 꾸준히 성장하고 있다. 이런 성장 거점도시가 인구를 흡수해 부를 만들어낼 수 있는 환경을 조성하는 것이 중요하다. 말하자면 인구감소 시대의 일본에서는 성장력 있는 도시와 지방·마을이 젊은 세대를 끌어들이는 자연스러운 인구 유동성을 높여야 한다는 얘기다. 그를 위해 행정이 나서야 할 것은 이주 마을이나 빈집 소개를 하기보다 일과 사람을 연결시키려는 적극적인 노력이다. 대도시를 돌며 이주자를 모집하고 그를 지원하는 공공사업을 펼칠 게 아니라 매력적인 벤처 산업환경을 조성하고 그에 다른 구인정보를 제공하는 데 팔을 걷어붙여야 한다.

막상 지방에 가보면 일손이 부족한 경우가 참으로 많다. 인력 유동성이 낮아 노동력 확보가 뜻대로 되지 않는 기업이나 산업도 적지 않다.* 게다가 벤처 설립에 적당한 환경을 어렵사리 만들어놓고도 그것이 일반에 널리 알려지지 않는 사례도 의외로 많다. 바로 이런 상황을 정부가 나서서 해결해야 한다. 사업하기 좋은 환경을 조성해 지역민은 물론이고 대도시에서도 사람이 흘러 들어오는 체제를 만드는 것이야말로 이주 박람회를 여는 것보다 먼저 행정이 나서야 할 과제이다.

● 도야마 가즈히코, 《일본은 왜 지방 경제에서 되살아나는가》 PHP신서, 176쪽. 흔히 로컬 경제권인 지방에서는 특별히 높은 전문 능력을 필요로 하는 일이 없어서 전직 등이 상대적으로 쉬운 직종에서 고용이 생겨나기 때문에 잠재적인 인력 유동성이 높다고 생각한다. 하지만 이 책에서는 산업구조 특성상 생산성이 낮은 기업은 사라지기 어렵고 그런 기업에 많은 종업원이 매달려 있어서 결과적으로 인력 유동성이 낮은 상황이 생겨난다고 본다.

지방 소멸론의 실제적 폐해

인구감소가 진행되는 일본에서 지역 정책을 세울 때는 거주 인구를 늘리기보다 먼저 매력적인 일을 늘리는 데 주력해야 한다. 매력적인 일자리가 있는 지역은, 설령 종업원이 인근 마을에서 통근한다 하더라도 쉽사리 활력을 잃지 않는다.

극단적인 사례일지 모르지만 도쿄도는 거주자 일인당 지역총생산이 다른 곳에 비해 한 차원 높은 상황이다. 주변 지바나 사이타마, 가나가와의 노동자와 소비자가 모여 도쿄에서 경제활동을 하기 때문이다. 반대로 대도시의 활력에 의존해온 베드타운은 인구 급감과 고령화에 따라 한번 활력이 떨어지기 시작하면 되돌리기가 매우 어려운 상황에 처한다. 대도시의 한쪽에 위치하면서 고령화한 베드타운에서 한계마을과 유사한 상황이 발생해 이미 소비 난민이 생겨나는 상황이다. 이런 곳에서도 지방 중산간지역처럼 이것저것 재보지 않은 채 인구 유인책을 시도할 가능성이 매우 높다.

가장 도입하기 쉽고 상대적으로 바로 효과를 볼 수 있는 유인책은 인근 지자체보다 한층 더 적극적인 육아 지원책을 내놓는 것이다. 특히 대도시 주변에 위치하면서 고령화가 눈에 띄는 베드타운을 안고 있는 지자체가 다양한 육아 지원책을 도입하면 근처 지자체의 젊은 세대를 끌어들이는 데 매우 효과적이다. 어린이 의료비 지원 제한 연령을 올린다든지 보육료를 낮춘다든지 하는 방식이다. 출산비용 지원이나 육아 세대 주택비 보조 등 방법은 다양하다.

이런 정책은 젊은 육아 세대에게 현실적으로 도움이 되기 때문에 얼핏 바람직한 듯 여겨질 수 있다. 게다가 이런 경제적 지원이 더해진다면 자녀 하나 양육하는 것도 벅차다고 생각했던 부부가 둘째를 낳기로 결정할 수도 있지 않을까. 그러나 이런 정책을 통해 일본의 출생률이 올라갔다고 볼 만한 증거는 어디에도 없다. 2장에서 언급했듯이 서구 선진국 역시 이런 육아 지원책으로 출생률이 올라가는 효과를 내지는 못했다. 게다가 좀 더 냉정하게 말하자면, 이런 정책은 지자체들이 귀중한 재원을 투입해 젊은 세대를 서로 차지하려고 다투는 형국에 지나지 않는다. 국가의 저출산 대책으로 공적

자금을 투입하는 것이라면, 특정 지역에만 유리하게 편성해서는 안 된다. 전국 어디에서 살든 그 혜택이 평등하게 골고루 돌아가야 마땅하다.

이렇듯 지자체들이 벌이는 젊은층 유치 경쟁이야말로 일본창성회의가 들고 나온 지방 소멸론의 실제적 폐해가 아닐까 싶다. 현재의 절반 정도 되는 지자체가 소멸할 것이라고 주장하면서 구체적으로 해당 지역 이름까지 거론하자 '소멸 예정 지역'이라는 낙인을 두려워하는 자자체들이 필사적으로 인구 끌어들이기 경쟁에 돌입한 것이다.

여기서 소멸 가능성은 어떻게 정의되는가? 2040년 시점에서 20~39세 여성이 2010년의 50퍼센트 이하로 하락하는 상황을 일컫는다. 그러나 국립사회보장인구문제연구소의 추계를 보면 해당 연령 여성은 일본 전체적으로 36퍼센트 이상 감소한다. 게다가 대도시를 향한 인구이동이 서서히 줄어든다고 가정한 이 연구소의 추계와 달리, 일본창성회의는 대도시의 전입 초과 현상이 앞으로도 줄지 않고 계속된다고 가정한 뒤 계산을 했다. 그 결과 지방의 젊은 여성이 한층 적어진다고 추산한 것이다. 물론 이런 인식 자체가 크게 잘못되었다고 할 수는 없을 것 같다.•

젊은 여성이 빠져나갈 경우 그 지자체의 소멸 가능성이 높아지는 건 사실이다. 그런데 정작 이렇게 계산하다 보니, 거의 절반에 이르는 지자체가 소멸할 가능성이 있다는 결과가 나와버렸다. 하지만 소멸을 판정하는 기준인 '여성 숫자 50퍼센트 이하'는 급속한 인구감소를 보여주는 하나의 잣대에 지나지 않는다. 40퍼센트든 50퍼센트든, 장기적으로 인구는 계속 줄어든다. 갑자기 상황이 나빠지기라도 한듯 절망할 일은 아니라는 얘기다.

지역의 매력이나 성장력을 생각하지 않고 손쉽게 지방으로 젊은 세대를 분산시키려는 정부 정책은 효과가 불확실한 보조금이나 공공사업 의존으로 흐르기 쉽고, 나아가 일본 전체 경제성장을 정체시킬 우려가 높다. 좁은 지역 내 베드타운끼리 젊은 세대 빼앗기 경쟁을 벌이는 데 재원을 투입하는 것도 근시안적이기는 마찬가지다. 장기적인 안목에서 지역의 생존 전략을 점검해봐야 할 때다.

● 후지나미 다쿠미, 《지방도시재생론》 니혼게이자이신문출판사 10~40쪽 참조.

능력 있는 은퇴 인력을 활용하라

정부는 '마을·사람·일 창생 기본 계획 2015'을 통해 고령자 공동체를 지방에 만들겠다고 밝혔다. 고령자 이주를 받아들이는 지역에 건설이나 의료·간병, 평생학습 등의 수요가 생겨나기를 기대하는 것이다. 그러나 1장에서 말한 것처럼 고령자의 이주를 지원하면 수요가 지방으로 유도돼 젊은 세대의 지방 정착이 늘어난다는 발상에는 몇 가지 극복해야 할 장애물이 있다. 게다가 경제 호황기가 찾아오면 젊은 세대가 대도시로 가기 때문에 지방에서 간병 등의 일손을 확보하기란 쉽지 않을 것이다.

지방 활성화를 위해 도시에 거주하는 고령자를 활용할 생각이라면 단순히 그 지역에서 살 만한 이주자를 찾는 데서 한 걸음 더 나아가야 한다. 즉 다양한 능력과 자격을 가진 은퇴 세대를 지방 기업에서 적극 활용하도록 유도하는 게 필요하다. 상세한 상황을 파악하기는 어렵지만 도쿄 등 대도시에 비해 지방은 기술력 있는 인재를 확보하기가 어려워 구인난에 시달린다는 이야기를 여러 차례 들었다. 만일 지방 중소기업들이 인력난을 겪고 있다면, 도쿄에서 은퇴한 사람들이 한시적으로 또는 정기적으로 그곳에서 일할 수 있는 환경을 만들어주면 어떨까. 도시 주민과 지방 중소기업 간 이러한 관계망을 구축한다면, 지방 경제에도 큰 도움이 된다.

기업이나 관청에서 정년퇴직한 사람 중에는 경리나 재무, 법무, 마케팅 등 고급한 전문기술 보유자가 많다. 그런 인재들이 생활 거점은 대도시에 두되 능력 있는 직원 구하기가 어려운 지방 중소기업에 재취업할 수 있다면, 서로에게 도움이 된다. 은퇴 세대와 지방 기업을 연결하는 인력 소개 체제를 구축하는 게 효과적인 이유이다.

물론 정부 역시 지방에서 추진하는 고령자 공동체 만들기 사업에 관심을 보이고 있다. '지역사회와 협력'한다는 차원에서 나이가 그리 많지 않은 고령자 노동력 활용 방안을 모색하는 것이다. 그러나 정부의 시각은 고령자 고용 안정을 위해 단기에 걸쳐 손쉬운 업무를 하청받는 식의 실버인재 제도틀을 벗어나지 못하는 실정이다. 이 책에서 권하고 싶은 바는 풍부한 경험과 지식, 고도의 기술을 지닌 직원을 지방 기업들이 스스로 구하기 힘들 경우, 그 인재를 도쿄 등 대도시에 거주하는 고령자 중에서 찾을 수 있도록 정부 단체가 지원하라는 것이다. 젊은층보다 상대적으로 싼 임금을 받고 대도시에서 출퇴근하거나 두 지역 거주 형태로 지방에 머물며 일할 수 있게 돕는 것이다.

인구감소 시대에는 더 적은 노동력으로 더 많은 부가가치를 생산해야 한다. 지방이라고 다를 게 없다. 높은 능력과 기술을 가진 인재 확보가 필수이다. 이런 맥락에서 대도시에서 은퇴한 능력 있는 고령자와 협력을 모색하는 방식은 효과적인 타개책이 될 것이다. 현재 지방에 절실하게 필요한 것은 고령자 공동체가 아니다. 그보다는 고령자 중 능력 있는 인재를 지방 중소기업 등이 한시적으로라도 채용할 수 있는 인재 유동성이다.

그런 형태로 지방 도시와 인연을 맺은 고령자들 중 일부라도 해당 지역에 애착을 갖게 된다면 결과적으로 이주 확대로 이어질 가능성도 있다. 이주를 전제로 하는 정책이 아니라 일을 앞세우는 정책으로 풀어가야 한다.

같은 부가가치의 일이라면
일손을 줄인다

인구감소 시대에 경제성장을 유도하기 위해서는 기본적으로 일정한 수익이나 부가가치를 만들어내는 일을 가능한 한 적은 노동력으로 해내야 한다. 이것은 제조업뿐 아니라 농업을 비롯해 모든 산업 분야에 공통으로 적용되는 논리다. 앞서 간병 업종을 고용 창출 대상으로 생각하지 말아야 한다고 충고했다. 간병뿐 아니라 많은 서비스 업종이 다 비슷한 처지다.

일반적으로 노동집약적인 서비스업은 생산성 향상을 꾀하기 어렵다고 여기지만, 다가오는 급속한 인구감소 상황 아래서는 그런 사고방식이 더 이상 통하지 않게 된다. 특히 지방처럼 인구감소와 고령화가 도시보다 빠르게 일어나는 곳에서는 일손 부족이 수요 감소보다 먼저 생겨난다. 모든 서비스업이 노동력 부족에 시달릴 게 뻔하다.

실제로 젊은 세대가 유출되는 중산간지역에서는 건설업을

비롯해 다양한 업종에서 일손이 부족하다는 소리가 오래 전부터 들려온다. 이전에는 그 지역 건설사업자가 공공사업이나 제설 작업을 수주해 농한기의 현금 수입원으로 삼았지만 최근 들어 그런 일을 할 일손 확보조차 어려운 듯하다. 생산성을 높여 노동력을 줄이는 게 가능한 기업이나 서비스업 이외에는 살아남기 어려운 상황이다.

거품경제 붕괴 이후 고용이 늘지 않는 시대가 계속되고 있다. 따라서 하나의 일을 여러 사람이 나누어 하는 워크셰어링이 주목받고 있다. 일인당 임금을 억제하는 대신 고용 규모 유지를 도모하는 방법이다. 정부가 기업의 인원 감축을 막기 위해 워크셰어링을 권장하는 경우도 있다. 그러나 워크셰어링은 단시간 노동을 실현한다든지, 경기 악화로 인해 고용 유지가 급선무인 상황에서나 의미를 찾을 수 있다. 어디까지나 임시방편인, 긴급 피난 정책으로 봐야 한다. 일인당 임금을 올리는 것이 필요한 인구감소 시기에는 맞지 않는 정책인 것이다.

인구감소에 직면한 지방에서는 무조건적인 인구 유인 정책을 추진할 가능성이 있다는 것을 거듭 지적했다. 그럴 경우 명시적으로 워크셰어링이라고 하지 않더라도, 결과적으로 일을 나누는 식으로 접근하는 것에 주의할 필요가 있다.

가령 정부 보조로 실시한 긴급 고용 대책을 워크셰어링이라고 하지는 않는다. 하지만 생산이나 매출 향상을 기대할 수 없는 상황에서 인원을 늘리면 결과적으로 워크셰어링과 유사한 것이 되고 만다. 게다가 그런 사업에는 많은 세금을 투입하기 때문에 높은 생산성은 애당초 기대하기 어렵다.

일을 되도록 적은 노동력으로 집약해 개인 소득과 부가가치를 높이지 않으면 안 된다. 임금도 낮고 생산성도 낮은 산업은 필연적으로 만성적인 노동력 부족에 직면한다. 외식 전국 체인이 점포에서 일할 사람을 구하지 못해 가게를 줄이거나 영업시간을 단축한다던 기사가 기억에 새롭다. 그러므로 더 적은 노동력으로 더 높은 부가가치를 높일 수 있는 산업을 육성하는 게 중요하다. 나아가 사람들이 현재보다 생산성 높은 일자리를 얻을 수 있도록 정부는 재교육 프로그램을 지원하고 그들이 원하는 일자리를 따라 자연스럽게 지방에 흘러들도록 다리를 놓아야 한다.

농업에도 활로가 있다

일을 집약한다는 발상에 가장 걸맞은 사례가 벼농사이다. 홋카이도를 제외하고 일본의 쌀농사는 경영체당 평균 논 면적이 1.5헥타르 정도에 불과하다. 이 면적이라면 연간 쌀 생산액은 170만 엔 수준에 그친다. 생산에 필요한 재료비를 빼고 계산하면 이익은 약 50만 엔 정도, 일반적인 농가 경영을 기준으로 산정한 결과다. 이익이 50만 엔이라고 해도 기업에서 말하는 영업이익과는 달라서, 실제로는 인건비에 해당한다고 생각하면 된다. 그런 소규모 농가 10개의 농지를 모아서 한 농가가 해낼 수 있다면, 쌀농사 전업농가를 육성할 수 있을지도 모른다. 농촌지역도 중장기적으로는 이런 극적인 구조 변화가 필요하다. 현대 농업은 대를 이을 사람이 부족한 데다 경작 포기지도 많아 얼핏 일손 부족이라고 생각하기 쉽다. 그러나 농업 총생산액을 보면 오히려 일손 과잉이라고 해야 맞다. 각 농가가 후계 확보에 신경 쓸 것이 아니라 농지 집약을 통해 지역 농업을 지속적으로 맡아갈 중심 농가를 육성하는 게 절실한 이유다.

농지 집약 방식은 당장의 필요가 겹친 덕에 이미 꽤 여러 해 전부터 뿌리내린 상태다. 지난 10년 사이 경영체당 논 면적은 1.5배로 늘었다. 물론 이것은 농가 한 가구당 농지 면적을 적극적으로 확대한 결과라고만 볼 수는 없다. 사실은 소규모 농가 이농 따른 효과가 컸다. 어찌 되었든 농지 집약 추세는 확산되고 있다.

20년 전 중산간지역에서는 신규 취업 희망자가 한 뙈기 논 빌리는 것조차 쉽지 않았다. 심지어 전통적인 농가 주택을 빌리는 것은 상상할 수 없는 상황이었다. 논밭이 있으면 바로 농업을 시작할 수 있다고 생각하는 사람도 있겠지만 의외로 주택도 중요하다. 자재나 기계 보관, 수확물 선별과 씻기, 포장 등을 위해서는 넓은 공간이 있는 전통적인 농가 주택이 꼭 필요하다. 새로 농가를 마련해 살려는 사람도 마찬가지다. 본격적으로 농업을 하려는 사람이 단지 형태의 공영주택에 산다면 여러 가지 곤란한 상황이 닥칠 것은 말하지 않아도 뻔하다.

그러나 최근 20년 사이 상황이 극적으로 바뀌었다. 농지를 빌리거나 사고 싶다는 취농 희망자가 늘고, 농업생산법인에 이런 내용을 문의하는 사람이 늘었다. 임업 쪽도 마찬가지다. 산림에서는 이미 산의 소유주가 누구인지 알 수 없을 정도로 임업 자체에 관심이 낮아졌지만 새로 임업을 해보겠다는 젊은이는 늘어나는 추세다. 주택도 복고풍 유행 같은 바람을 타고 매매나 임대가 되는 분위기다. 신규 취농자가 참여하기 쉬운 환경이 만들어지는 것이다.

최근 젊은 세대에서는 농업을 꿈꾸는 사람이 서서히 늘고 있다. 신규 취농자 분류의 하나인 농가 세대원이 아니면서 새롭게 취농하는 '신규 참여자'는 확실히 증가하는 추세다. 농림수산성 자료에 따르면 농업에 신규 참여하는 사람은 지난 4년 사이 연간 1,730명에서 3,660명으로 두 배나 증가했다. 새로 농업에 뛰어드는 신규 자영농업 취농자나 농업생산법인 등이 새롭게 고용하는 신규 취농자는 과거의 경우 농가 세대원이 대부분을 차지했지만, 최근에는 둘 다 현상 유지만 할 뿐 늘지 않는 상황이다. 반면 순수 신규 참여자의 증가는 눈에 띈다. 게다가 신규 참여자의 연령이 현재 농업 취업자에 비해 젊어서 40세 미만이 과반수를 차지한다. 순조롭게 기술을 익히면 앞으로 그 지역 농업에서 중추적인 역할을 기대할 수 있는 연령대다.

다만 신규 취농자가 자립하는 것은 결코 쉽지 않다. 2장에서 후쿠시마현 니혼마쓰시 도와 지구의 두터운 신규 취농자 지원 정책을 소개한 바 있다. 이처럼 지역의 두터운 지원이 있어도 신규 취농자가 농업만으로 자립하기는 어려운 게 현실이다. 앞으로는 중심적인 역할을 기대할 만한 신규 취농자에게 농지를 양도할 경우에도 그들이 효율적으로 농업을 이어갈 수 있도록 지역 차원에서 나서 도와주는 것이 절대적으로 필요하다. 신규 취농자의 경우, 구입한 농지가 여기저기 흩어져 있는 상황을 자주 경험한다. 하지만 농지가 분산돼 있다 보면 전체 경지 면적이 아무리 크더라도 비효율적인 경영이 되어버린다. 따라서 지역에서 중심적인 역할을 할 일꾼에게는 되도록 한 곳에 집약한 효율적인 농지를 제공하는 것이 필요하다. 신규 취농자를 받아들일 때, 그들이 부유하게 자립하는 농가로 성장할 수 있도록 돕는 것은 받아들이는 마을의 책임이다.

4장

새로운 일을 만들어내는
시스템 구축하기

지역산업 주변에
숨은 가능성

지금까지는 주로 기존 산업을 전제로 해서 사회와 경제의 지속성을 높이는 방법을 살펴보았다. 그런데 기존 산업에 발전 가능성이 보이지 않거나 신규 산업을 키울 때는 무엇을 고려해야 할까.

예를 들어 안경테 가공으로 유명한 후쿠이현 사바에시에는 에치젠 칠기라는 뿌리 깊은 전통 산업이 있다. 이 지역에는 과거 많은 옻 채취 기술자•가 있는 등 일본 칠기업계의 큰 거점이었다. 또 지금도 칠기 제조와 관련된 일련의 소재 가공부터 칠 공정, 장식 공정까지 모든 공정을 갖춘, 업무용 칠기 시장점유율 일본 제일의 산지이다.

• 옻 채취 기술자는 전국의 옻나무에서 수액을 모아오는 전문가이다. 전용 도구로 옻나무 가지에 상처를 내서 거기서 나오는 얼마 되지 않는 진액을 모은다. 칠기의 세계는 옻 채취 기술자 이외에도 목공 장인, 옻칠 장인 등 공정마다 세세한 분업 체제로 구성되어 있다.

그러나 최근 들어 일본에서는 칠기 판매가 계속 줄어들어 국내 매출은 가장 많았을 때의 20퍼센트에도 미치지 못한다. 물론 에치젠 칠기도 그 영향을 피할 수 없었다. 그러자 에치젠 칠기업계에서는 옻칠의 바탕이 되는 목공 제품에 주목했다. 기지木地라고 부르는 칠 작업 전의 목공 제품은 여러 명의 전문 기술자가 복수의 공정으로 만들어낸다. 이렇게 만든 기지는 칠을 하기 전에도 충분히 사용 가능한 제품이자 감상할 수 있는 작품이다.

그 때문에 최근에는 기지 제품 자체를 최종 상품으로 시장에 유통해 칠기 매출 감소에 대응하려는 움직임이 생겨났다. 게다가 칠기 제작으로 숙련된 목공기술을 살려 문구나 스마트폰 케이스 등 식기와는 전혀 다른 용도의 목제품을 만들어 고급 브랜드로 상품화했다. 현재 에치젠의 목공제품은 후쿠이는 물론이고 전국 각지에서 팔리는 인기 상품이 됐다.

이렇듯 제조업 전통을 바탕으로 새로운 영역을 만들어내 도전하는 정신에 매력을 느껴 사바에로 이주하는 젊은이도 늘고 있다. 합동회사 쓰기TSUGI는 학생 시절 사바에시의 가와다 지구에서 매년 열린 학생 아트캠프*에 참가했던 OB와 OG가 가와다 지구에 설립한 회사이다.

지역 중소기업과 손잡고 칠기만이 아니라 안경테 등 여러 지방 중소기업에 제품 관련 디자인을 제안하거나 판로를 개척하고, 나아가 기술을 살린 전혀 새로운 상품 개발에도 도전하고 있다. 이 회사가 생긴 뒤로 많은 젊은이가 사바에에 정착하고 있다. 매출 감소에 직면한 전통 산업에 새로운 기술이나 디자인을 적용하고, 창조성을 불어넣은 신제품을 개발하는 방식으로 새로운 일을 만들어내는 것이다.

● 옻마을활성화추진사업실행위원회가 매년 사바에시에서 실시하는 가와다 아트캠프. 100명 이상의 대학생이 옛 민가에서 공동생활을 하면서 창작 활동을 한다.

나뭇잎 사업 주변에
새로운 고용이 있다

도쿠시마현 가미카쓰정에서는 지역 부흥 사업으로 일본에서 가장 유명하다고 해도 과언이 아닌 '나뭇잎 사업'을 하고 있다. 마을 할머니들이 휴대형 정보단말기를 사용해 일본 요리의 장식물로 이용되는 잎을 파는 것이다. 소득이 많은 사람은 연간 1,000만 엔 이상 매출을 올린다는 말이 돌 정도여서, 영화로도 만들어지고 일본에서는 모르는 사람이 없는 동네가 되었다.

할머니가 잎을 팔아 1,000만 엔을 번다는 이야기 자체가 매우 흥미로워 이곳을 둘러보러 오는 사람들의 발길이 끊이지 않는다. 그러나 방문자가 자기 지역으로 돌아가 똑같은 방식의 사업모델을 개발하는 것은 그리 쉽지 않다. 이 사업은 단순히 할머니가 산에서 주운 단풍이나 감잎을 파는 게 아니다. 자연을 제대로 파악한 인재가 시장에 먹힐 만한 나무를 키워 지극히 전략적으로 잎을 출하하기 때문이다. 특히 중요한 것은 320종에 이르는 다양한 품종을 생산해 직판, 당일 발송하는 등 시장 수요에 확실히 대응하는 시스템을 구축했다는 사실이다. 공급이 많을 때를 피해 출하하는 기술과 충분한 양을 확보하는 것도 주목해야 할 점이다. 봄에 벚꽃이나 매화, 가을에 붉은 단풍이나 감잎을 출하해서는 과당 경쟁으로 가격이 떨어지기 십상이다. 가을에 벚꽃이나 푸른 단풍잎의 시장 수요에 대응할 수 있어야 시장의 신뢰를 얻고 수익성도 높아지는 것이다.

가미카쓰정의 성공에는 마케팅과 사업계획 구축을 통해 할머니들을 지원하는 주식회사 이로도리라는 제3섹터의 역할이 결정적이었다. 이 회사는 연수를 실시하거나 여러 정보를 제공하는 등 나뭇잎 사업의 핵심이 되는 일을 맡아서 진행한다. 이로도리의 지원 아래 나뭇잎 사업에 참가하는 세대는 과거 쌀이나 채소, 버섯, 꽃나무 등을 재배했지만 지금은 나뭇잎 사업으로 주업을 바꾸었다. 소유한 산림이나 밭에 시장성 높은 나뭇잎이 달리는 목본식물을 심고 필요할 경우 비닐하우스를 만드는 등 매우 전략적으로 재배를 하고 있다. 이를 테면 나뭇잎을 수확물로 하는 첨단농업이다. 그런데 가

다시 태어난 산촌마을, 가미카쓰정

가미카쓰정의 나뭇잎 사업은 이제 일본 지방창생의 아이콘이 되었다.
좋은 아이디어와 지역민의 삶이 하나로 만나서,
낡고 오래된 동네는 싱싱한 마을로 다시 태어났다.

미카쓰정이 여기까지 오는 데는 30년의 세월이 걸렸다. 아무나 흉내낼 수 있는 것이 아니다. 장식용 나뭇잎 판매 분야에서 가미카쓰정의 일본 내 시장 점유율은 70퍼센트에 이르러 타의 추종을 불허한다.

최근 가미카쓰정으로 이주하는 젊은이도 늘고 있다. 다만 이 나뭇잎 사업의 기회가 젊은 이주자 누구에게나 열려 있는 것은 아니다. 나뭇잎 사업은 물리적으로 산이나 밭이라는 부동산을 필요로 하는 데다 자연을 상대로 한 사업이어서 지식과 경험이 필요하다. 게다가 1년째에 바로 상품화가 가능하다고 할 수 없는 목본을 다루는 것이기 때문에 신규 진입에는 문턱이 높은 편이다. 이곳에서 나뭇잎 사업을 하는 200개 농가 중 90퍼센트 이상이 그 지역 출신이다. 그럼에도 불구하고 가미카쓰정에 기대를 갖는 젊은이는 매우 많다. 끊이지 않고 젊은 이주자와 인턴들이 마을을 찾아온다. 나뭇잎 사업과 병행해 마을이 추진하는 제로 웨이스트(재활용 사업) 파급 효과로 새로운 일자리가 만들어지고 있기 때문이다. 예를 들자면 앞서 말한 주식회사 이로도리 역시 종업원 모두 마을 외부 출신이다. 이 사업을 만든 사람인 요코이시 도모지 씨도 마을 바깥에서 온 사람이다. 종업원으로 일하는 젊은이들은 다양한 형태로 이로도리에 참가해 나뭇잎 사업을 지원하면서 해외 판로나 새로운 사업을 모색하고 있다.

주식회사 이로도리는 거점인 쓰키가타니 온천 인근 산에 이 지역에서 출하하는 가지각색의 나무를 심어 계절마다 아름다운 경관을 만들어낸다. 나뭇잎 사업의 상징으로 삼는 프로젝트를 진행하는 것이다. 글자 그대로 '이로도리'를 보여주어 지역 자체의 가치를 높이자는 전략이다. 이를 통해 이로도리는 시찰을 위한 여행자나 관광객을 적극적으로 끌어들여 지역의 고용을 점점 늘려나가고 있다.

정보통신기술이 바꾼
창업 환경

지역에 창업가를 초청해 경제를 활성화하고 이주자를 확보하려는 움직임도 최근 들어 눈에 띈다. 시마네현 고쓰시에는 '데고넷토 이와미'라는 NPO 법인이 있다. 이 단체는 대형 상업시설이 없어지는 등 쇠퇴일로인 고쓰역 주변을 거점으로 삼아, 지역 창업을 지원하거나 인재를 육성하는 활동을 벌이고 있다. 사업계획 경연대회를 실시해 뛰어난 기획을 제안한 창업 희망자에게 사업 노하우를 제공한다. 지역 인재나 기업들 간 네트워크 구축을 돕고 자금 조달도 지원(금융기관 소개 등)한다. 물론 그렇다고 해서 새로 생긴 업체가 하루아침에 순풍에 돛 단 듯 급성장해 많은 고용을 낳을 리는 없다. 아직은 음식점이나 숙박시설 등이 중심인 정도이지만, 그만큼 그 지역에서 창업과 이주자를 필요로 한다는 의미로 읽힌다.

본래 지방의 지역 공동체는 결속력이 강하고 나쁘게 말하면 배타적인 면이 있다. 이로 인해 지역에 유입되는 젊은 창업가들이 맨손으로 네트워크를 구축하기가 쉽지 않았다. 이런 상황에서 인재 육성까지는 아니더라도 지역 관계자와 기업 간 네트워크 구축을 지원해주는 조직이 있다면, 새로 시작하는 기업인에게는 매우 큰 도움이 된다. 이런 활동이 쌓이고 쌓여 지역경제 성장의 토대가 되고, 젊은이들의 정착으로 이어진다.

지방의 창업환경을 뒷받침하는 사회 기반으로 최근에는 정보통신망이 필수이다. 광섬유를 깔면 지방에서도 아무런 불편 없이 고속통신망에 접근할 수 있는데, 이런 환경을 살려 위성 사무실 유치에 성공한 도쿠시마현 가미야마정의 사례는 이미 유명하다. 앞서 예로 들었던 선진 지역의 다수는 이미 네트워크를 통해 대도시나 세계와 거리를 제로로 만드는 정보통신망의 혜택을 보고 있다. 정보를 모으고 발신해 세계와 연결하고 친분을 쌓아가는 것이다.

이제는 산속에도 위성 사무실을 유치해 지역이나 특산품의 매력을 직접 도시 주민에게 알릴 수 있는 시대다. 주식회사 이로도리는 나뭇잎 사업에 참가하는 할머니들이 태블릿 등을 이용해 출하 상황이나 개인 매출 내역을 실시간으로 파악할 수 있는 이로도리 시스템을 구축했다. 직원 채용도 인터넷을 통하면 다양한 방식으로 가능하다. 데고넷토 이와미, 이로도리, 합동회사 쓰기 역시 도시의 젊은이를 인턴으로 채용하고 있다. 또 인턴 모집과 채용 때 인터넷을 통해 폭넓게 인재를 선발한다.

과거에는 조건이 불리하다고 생각했던 중산간지역도 이처럼 ICT 환경 덕분에 지역의 매력을 알리기 쉬워졌다. 그 지역에 기대를 품고 오려는 젊은이나 창업가들 입장에서도 이주 문턱이 한 단계 낮아진 셈이다. 앞장에서 말한 대로 '사람의 유동성'이라는 관점에서 본다면 적재적소에 인재를 배치하는 것도 ICT 덕분에 수월해지고 있다.

ICT 등 지역의 지속성을 높이는 인프라 정비를 통해 새로운 일을 만들어내는 데 성공한 지역이 있다는 것은, 그렇지 못한 다른 지역의 경우 뭐라고 변명하기도 힘든 상황에 놓인다는 의미가 된다. 정보통신기술이 부의 양극화를 확대시켰다고 말하기도 하는데, 지방에서도 이미 그런 현상이 나타나고 있다. 이를 잘 이용하는 지역과 그렇지 않은 지역은 경제나 젊은이 이주에서 차이가 점점 벌어진다.

중산간지역의 특색을 살린
블루오션을 노려라

일본은 그동안 새로운 산업이나 창업의 수준이 비교적 낮은 편이었다. 앞으로는 그런 상황이 조금씩 바뀔 듯하다. 그 현장이 바로 지방이다.

　시장을 레드오션과 블루오션으로 구별해 마케팅을 구상하는 일이 최근 늘고 있다. 레드오션은 심한 경쟁을 피할 수 없는 기존 시장을 말한다. 한편 블루오션은 새로 개척해 경쟁 상대가 없고 일정한 수익을 기대할 수 있는 시장이다. 인구가 줄어들어 기업이 문을 닫는 지방은 접근하기에 따라 블루오션으로 간주할 수 있다.

　지방에서는 급속하게 인구가 감소하면서 각종 서비스의 수요와 공급 모든 측면이 줄어드는 상태이다. 이렇게 서비스가 줄면 서비스 수요자인 주민이 줄어들뿐 아니라, 같은 비율 또는 그보다 빠른 속도로 공급자도 감소한다. 공공교통을 예로 들면, 인구감소에 따라 버스 이용자가 줄어드는 것과 동시에 젊은 운전사를 확보하기 어려워지고 있다. 이런 추세가 지속되다 보면 버스 사업을 포기하는 지역이 나온다. 그런 지역에서 자율주행이나 카셰어링, 카풀 등을 조합해 인건비를 줄인 새로운 유형의 운수 사업을 만들어낼 수 있을지도 모른다.

최근 물건 구매에 어려움을 겪는 이른바 소비 난민 대책으로 다시금 주목받는 것이 이동판매차이다. 이동판매차는 자동차가 대중화되기 이전에 장을 보기 위해 매일같이 상점에 나오는 것이 어려웠던 시절, 전국 각지에 널리 보급됐던 판매 방식이다. 그러나 자가용이 보급되고 슈퍼마켓이 생기면서 서서히 자취를 감추었다. 한데 이동이 어려운 고령자가 중산간지역에 늘어나면서 이동판매차는 다시금 존재감을 과시하고 있다. 지역의 슈퍼마켓 등과 제휴해 판매하는 사람은 차로 판매만 맡고 재고 부담을 떠안지 않는 새로운 사업모델을 구축해 급성장한 사례도 있다. 일례로 도쿠시마현의 '도쿠시마루'라는 이동 슈퍼마켓은 최근 성장이 눈부셔서 전국에 걸쳐 이동 판매자를 늘리고 있다. 인구가 감소한다고 해도 지역의 지속성을 높이기 위해 끊임없이 창조적인 발상으로 문제에 접근할 필요가 있다. 그런 식으로 이전과 다른 새로운 서비스나 사업모델을 구축하다 보면 경쟁이 적은 블루오션 시장을 선점할 수 있다.

그러나 어떤 일이든 사업적으로 성공하면 경쟁자가 생겨나게 마련이다. 사업을 하다 보면 경쟁이라는 것은 불가피하지만, 선발주자 효과를 살려 따라붙는 사람의 추격을 허용하지 않는 두터운 진입 장벽을 구축하는 것이 기업 경영의 철칙이다. 앞서 소개한 대로 장식용 나뭇잎을 판매하는 도쿠시마현 가미카쓰정의 사업은 오랜 거래를 통해 구축한 신뢰와 고도의 생산·판매 전략을 갖춤으로써 경쟁 사업자의 추격을 허용하지 않는다.

'만물상'이 나서서
과제를 해결한다

아무리 새로운 일을 만들어낸다고 해도 인구가 감소하는 지역에서는 수요에 한계가 있는 탓에 사업 전망은 결코 낙관적이지 않다. 인구가 적은 지역에서는 적은 수의 고객이 넓은 지역에 분산되어 있기 때문에 서비스 공급 효율도 나빠진다. 예를 들어 방문 간병이나 데이 서비스 업체를 만들었다고 가정해보자. 단일 서비스를 제공하는 사업모델은 발전 가능성이 희박할 뿐만 아니라 사실상 서비스 공급을 할 수 없는 지역도 태반일 것이다. 이런 상황에서는 서비스의 종류를 늘린 복합 서비스 제공으로 사업을 유지해가야 한다.

2장에서 휴교한 초등학교 문을 다시 열었던 사례로 소개한 오카야마현 가사오카시 가사오카 제도에는 '가사오카섬 만들기카이샤'라는 NPO 법인이 있다. 가사오카 제도는 섬들을 구성하는 7개의 유인도를 합쳐도 인구가 1,954명밖에 되지 않는 데다 고령화율은 66퍼센트에 이른다(2015년 10월 1일 기준). 가사오카섬만들기카이샤는 이런 낙도 생활의 여러 문제를 해결할 목적으로 2006년에 NPO 법인 승인을 받아 체계적으로 서비스를 제공하기 시작했다.•

섬만들기카이샤의 활동은 데이 서비스, 공동체 버스 운영, 섬 잇기 배달(장보기 지원), 특산품 개발, 보육원 운영, 빈집 대책, 가사오카 제도 알리기 등 셀 수 없을 정도로 다양하다. 데이 서비스 시설은 이미 네 곳이 들어섰고 앞으로 더 다양한 고령자 복지시설을 제공하기 위해 움직이고 있다. 섬 잇기 배달은 본토의 슈퍼마켓에 발주한 상품을 섬만들기카이샤가 섬의 항구에서 받아 나눈 뒤 각 가정에 배달하는 서비스이다. 상점이 거의 없는 섬에서 생활을 지원하는 생명선인 셈이다. 보육원 사업을 통해서는 취학 전 어린이가 여러 명 있던 무시마에 2006년 시가 아유미원이라는 이름의 보육원을 세우도록 했다. 아유미원은 섬만들기카이샤가 운영을 맡는 공설민영보육원이다. 이렇게 육아환경을 정비한 결과, 2장에서 소개한 대로 4년 간 휴교했던 무시마초등학교가

• NPO 법인 자격을 얻기 이전부터 민관 각각 복지와 섬 부흥을 위한 활동을 진행하고 있었고 2006년 새롭게 NPO 법인 가사오카섬만들기카이샤가 설립되었다.

2007년 다시 문을 열게 된 것이다.

그러나 어느 서비스든 수요에 한계가 있기 때문에, 하나만 맡아 해서는 사업 유지가 곤란해진다. 가령 이익이 적은 장보기 지원이나 본래 수익을 기대할 수 없었던 빈집 대책만으로는 조직을 유지할 만큼의 수익조차 올리기 어렵다. 섬만들기카이샤는 시청 등과 협력해 지역생활 지원 서비스를 통째로 떠맡아 제공하는 '만물상'이다. 복합적인 서비스로 가진 자원을 효율적으로 활용하면서 사업 유지가 가능한 시스템을 구축했다. 물론 복지 분야 등에서 공적 역할을 맡고 있기 때문에 순수 민간사업은 아니다. 그러나 민간에 가까운 조직이 지역의 공적 서비스를 맡아 낭비를 줄이고 효율성을 높이는 동시에 일정한 고용까지 창출해내는 셈이다.

행정이 '만물상'을
설치하는 고치현

고치현에서는 현청이 주도해 '만물상'을 설치하고 있다. 고치현이 설치하는 마을활동센터는 인구감소·고령화 지역의 다양한 문제를 한꺼번에 해결하는 것을 목표로 삼는 주민 조직이다. 중산간지역을 중심으로 이미 18곳에 설치되어(2015년 6월 기준) 마을 유지에 필수적인 서비스를 제공하고 있다.

젊은 주민이 많던 시절에는 마을 내에서 해결하던 문제들도 인구감소와 고령화로 인해 대응 능력이 떨어지자 방치되는 사례가 늘어났다. 마을활동센터는 이런 지역 문제를 맡아 해결하는 것이 목표이다. 몇 가지만 구체적으로 열거하자면 잡초 베기와 농업용수 유지, 장보기 지원, 택배 서비스, 복지 서비스, 방재, 야생동물 피해 대책, 지역 특산물의 개발·제조 등이다.

대부분의 마을활동센터는 각지에 배치된 고치마을응원대•

를 중심으로 지역 주민과 시민단체가 함께 구성한 협의회에서 운영하고 있다. 주민 자치를 목표로 한 조직이지만 보기에 따라서는 행정 냄새가 나는 시스템이라고도 할 수 있다.

그 중에서 시만토시 만은 본래 그 지역에 있던 주식회사가 마을활동센터 업무를 맡았다. 오미야산업이라는 이 주식회사는 시만토시의 오미야 지구에 유일하게 있던 주유소가 문을 닫았을 때 사업을 재개하기 위해 주민들이 출자해 만든 회사이다. 이 회사는 주유소 운영뿐만 아니라 병설한 매점을 거점으로 한 장보기 지원, 지역 특산품 판매, 도쿄 백화점과 거래 모색 등 다각적인 사업을 전개해왔다. 시만토시에서는 그간의 사업 경험을 살려 오미야산업이 마을활동센터를 운영하도록 맡긴 것이다.

민간기업이 마을활동센터를 책임진다고 해도, 제공하는 서비스 중 이익이 나지 않는 복지 분야 서비스는 행정과의 협력이 필수이다. 반면 특산품 개발이나 주유소 경영은 하기

● 총무성 사업인 지역부흥협력대와 마을지원자: 마을지원자제도는 지방자치단체에서 위촉받은, 지역 실정에 밝고 마을 대책 등에 식견을 가진 인재가 기초 지자체 공무원과 협력해 마을을 돌아다니며 상황을 파악하는 것이다. 지역부흥협력대와 다른 점은 지자체와의 거리감 및 역할. 도시에서 온 이주자가 아니라 지역 실정에 밝은 사람이 대상이라는 점이다. 전임자의 경우 지원자 일인당 연간 350만 엔, 지자체장 등이 겸무하는 경우 40만 엔을 총무성이 보조한다.

에 따라 적잖은 수익을 기대할 수 있다. 실제로 오미야산업은 설립 이후 지금까지 흑자를 유지하고 있다. 마을활동센터를 민간기업이 맡는다면 지역에 필요한 최저 서비스 제공에 그치지 않고 다른 분야로 사업을 확장해갈 여지가 훨씬 높아진다. 예를 들어 특산품 개발이나 관광 진흥에 힘을 쏟아 유동 인구를 늘리고 마을에 활력을 불어넣을 수 있는 창조성을 발휘하기에는 민간기업이 훨씬 유리하다. 그렇게 해서 얻은 수익을 다른 사업에 쓴다면 센터 활동에 대한 행정의 지원 예산도 줄일 수 있게 된다.

'만물상'은 민간 경영이
바람직하다

만물상은 여러 사업을 묶어 일정한 사업 규모를 창출할 수 있다. 때문에 인구가 줄어들어 수요가 감소하는 지역이더라도 민간 참여를 유도한다면 꽤 괜찮은 사업모델이다. 다만 왜 그렇게 민간 참여를 고집하느냐고 반문하는 사람이 있을지도 모르겠다.

그 이유는 우선 이런 서비스를 필요로 하는 지역이 일본 내 예외적인 몇몇 곳에 머물지 않는다는 데에 있다. 인구가 적은 과소 지역으로 분류된 기초 지자체는 전국 797개나 된다. 전체 기초 지자체 중 무려 46.4퍼센트에 이르는 비율이다(2014년 4월 5일 기준. 전국과소지역자립촉진연맹 홈페이지 자료). 말하자면 전국 기초 지자체의 절반 정도가 인구 과소 지역이라는 것이다. 이런 지역에 살고 있는 인구는 1,000만 명을 넘어서, 전체 인구 중 약 9퍼센트이다(2010년 인구센서스).

이 정도 규모의 기초 지자체에서 민간사업이 축소돼 전체 인구의 10퍼센트에 가까운 사람들을 위한 서비스가 온통 중앙정부나 지방자치단체의 공공 재원에만 의존한다고 가정해 보라. 너무나도 비효율적인 상황 아닌가. 최근 들어 많이 줄기는 했지만 지방 활성화를 위해 보조금으로 설치한 여러 시설의 비효율적인 운영 실태는 여전히 도마에 오르고 있다.

지역 특산품을 만들기 위해 농림수산성의 보조금을 쏟아부은 농산물 가공시설을 한 예로 들어보자. 지역에서 수확한 대두를 사용해 된장을 만드는 경우다. 청결하고 널찍한 가공 공장 한편에는 된장을 만들기 위해 대두를 가는 분쇄기가 설치되어 있다. 그러나 된장 제조는 한 해에 1~2개월밖에 하지 않기 때문에 이 분쇄기는 연중 대부분 덮개를 뒤집어쓴 채 잠자고 있었다. 만약 민간기업이 공장을 운영했다면, 보유한 설비를 이처럼 비효율적으로 방치할까? 널찍한 공장 시설과 분쇄기의 가동률을 올려서 어떻게든 수익을 내려고 애썼을 것이다. 설비 자체가 보조금을 통한 것이든 자기 자본을 투입한 것이든, 그건 부차적인 문제다. 관건은 애써 마련한 시설을 다른 용도로 전용한다든지, 하다못해 이웃 동네의 주문을 받아 된장을 만든다든지 하는 방식을 통해 효율적으로 사용하는가 여부다.

민간기업이라면 보유한 자원의 효율성을 높이기 위해 시설을 다목적으로 활용하거나 다른 분야에서 이용할 방법을 궁리한다. 다양한 서비스 공급이나 제품 제조를 통한 다각적 경영으로 전체 사업비용 압축을 꾀하는 것이다. 이런 효과를 '범위의 경제'라고 한다. 같은 제품을 여러 개 만들어 비용을 줄이는 '규모의 경제'와 대칭되는 개념이다. 인구가 감소하는 지역에서 사업을 할 때는 경영 자원을 다양하게 활용하는 범위의 경제 개념이 필수다. 예를 들어 공동체 버스로 운용하는 차량을 데이 서비스나 보육원 통원, 짐 운반 등으로 쉬지 않고 가동할 수 있다. 나아가 택배 배달원에게 고령자 살피기를 부탁한다든지, 음식점 주방장에게 지역 특산품 개발을 맡긴다든지 하는 방법도 가능하다.

인구가 적은 지역에 사는 사람은 직함을 여럿 가지고 생업을 늘려서 이미 있는 인프라와 설비를 충분히 활용해야 한다. 지방처럼 인구가 감소하고 게다가 재정적인 여유도 없는 곳에서는 범위의 경제를 토대로 한 효율적인 사업 형태가 필요하다. 냉정하게 판단하건대 이를 구현할 수 있는 주인공은 민간사업자밖에 없다.

인구증가에 조바심 내지 마라

하지만 이런 대책들을 도입한다고 해도 앞으로 지방의 인구는 계속 줄어들 것이다. 지금까지 말한 기업 활성화나 고용 창출 대책을 마련한다 해도, 도쿄의 전입 초과가 제로로 변할 가능성 역시 거의 없다. 대다수 기초 지자체나 마을이 전출 초과인 현실은 바뀌지 않는다. 게다가 일부 고용 창출에 성공한 지역에서도 새로 생겨난 고용을 통한 인구 흡인력으로 자연 감소를 보충하는 것은 현실적으로 어렵다.

오랫동안 나뭇잎 사업을 해온 가미카쓰정의 경우, 젊은이 유입이 있긴 해도 여전히 전체적으로 인구는 조금씩 줄고 있다. 그래도 1980년대에 연간 100명가량 전출 초과이던 상황에서 산업 진흥을 꾀해 최근에는 전입 초과인 해가 나타날 만큼 인구감소 폭을 줄였으니, 성공적인 지역 대책이라고 할 수 있다(그림 4-1). 이미 오래 전부터 인구는 줄기 시작했고

그림 4-1 도쿠시마현 가미카쓰정의 전입 초과

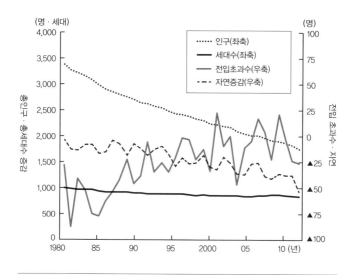

(명·세대)

(명)

홍인구·총세대수 증감

전입 초과수·자연

범례:
- 인구(좌축)
- 세대수(좌축)
- 전입초과수(우축)
- 자연증감(우축)

자료: 가미카쓰정 '주민기본대장'

앞으로도 한동안 큰 폭의 자연 감소가 불가피하다. 그런 상황에서 이 정도로 균형을 맞춘 것은 30년에 걸친 산업 진흥 노력이 드디어 결실을 본 것이라고 할 수 있다.

사실 중요한 문제는 단기적으로 인구감소를 억제해 전출입 제로 수준으로 만든다든지, 전입 초과라는 가시적 성과를 내는 게 아니다. 인구가 조금 적어도 괜찮으니, 지속적인 생활이 가능한 일을 하나씩 만들어가는 것이다. 제대로 된 일을 만들어내는 지역에서는 언젠가 인구감소가 멈춘다. 조바심 내며 보조금 등에 의존해 젊은이 모으는 데만 애쓰면 결국 생산성 없는 이주자 세대를 만들어내는 것으로 이어진다. 그런 세대는 보조금이 끊기는 즉시 그 지역을 떠나버릴 공산이 높다.

관건은 여러 서비스를 필요로 하는 수요자와 그것을 공급하는 젊은 세대가 함께 감소하는 시기를 어떻게 극복하느냐이다. 이런 고민은 대도시나 중산간지역이나 마찬가지이다. 지속적인 일자리도 없는 상황에서 돈으로라도 젊은이를 유인하려는 땜질식 처방 대신 인구감소를 견디면서 그 자금을 고용 창출에 투자할 필요가 있다. 인구감소가 불가피하다면 인구감소에도 견딜 도시나 마을을 만들어낸다는 각오로 버티고 노력해야 한다. 이 대책은 6장에서 살펴보겠다.

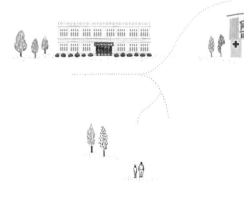

5
장

지방대도시의 역할

대도시는 나라 경제를
끌고 갈 책임이 있다

지금까지 주로 중산간지역에 위치한 농산어촌 지역의 미래를 이야기했다. 이번 장에서는 눈을 돌려 대도시의 미래를 살펴보겠다.

전체적으로 인구감소가 계속되는 상황에서 지방의 대도시는 어떤 생각으로 지역 만들기를 해가면 좋을까. 기본적인 방향은 중산간지역과 다를 것이 없다. 인구 끌어들이기를 고집하지 말고 양질의 고용을 창출하라는 것이다.

이미 살펴본 대로 센다이나 후쿠오카 같은 중심도시는 말할 것 없고 각 현의 현청 소재지급 도시에도 주변의 기초 지자체에서 젊은 인재가 모여든다. 젊은 세대는 도회적인 삶을 동경하고, 대도시에 가서 살고 싶어하는 욕망이 강하다. 시골생활이나 농업에 끌려 지방으로 이주하는 젊은 세대가 늘고 있다지만, 그런 생활을 선택할 수 있는 사람은 현실적으로 그리 많지 않다. 인구 대비로 보자면 극소수에 지나지 않을 것이다. 다시 말하자면, 도시로 젊은 세대가 흘러가는 상황은 앞으로도 계속된다.

하지만 대도시는 주변에서 인구 유입이 생기는 것으로 만족해서는 안 된다. 도쿄를 비롯한 현청 소재지급 대도시에게는 더 많은 부를 만들어 일본 전체와 주변 지역의 경제를 이끌어 나갈 책임이 있다. 광역도시권의 사회 시스템 유지를 위한 중심 역할을 맡고 있다고 생각해야 한다. 이제 지방 대도시가 일본 경제를 이끌면서 지역의 지속성을 향상시키기 위해서는 어떤 전략을 펴야 할지 생각해보겠다.

오사카의 쇠퇴는
멈출 수 있을까?

오사카권은 오일쇼크 이후 인구 유출이 계속되고 있다. 한동안 자연 증가가 인구 유출을 상쇄한 덕에 전체 인구는 지속적으로 늘었지만 2010년에 드디어 감소세로 돌아섰다. 오사카권 중 특히 나라현은 다른 지역보다 앞선 1999년 인구 정점을 맞은 뒤 줄곧 감소하기 시작했다. 다른 3개 부·현은 21세기 들어서도 약간 증가세였다. 그러던 것이 교토부, 효고현, 오사카부 순으로 정점을 찍은 후 지역 전체가 인구감소기로 접어든 것이다. 더욱이 통계를 잡을 때는 오사카권에 포함되지 않지만 산업 집적 효과와 함께 오사카 및 교토의 베드타운 역할을 하면서 인구가 계속 늘었던 시가현도 2014년을 기점으로 인구감소로 돌아섰다.

오랜 기간 전출 초과였기 때문에 예상된 일이라고 해도 일본 제2의 도시권이 인구감소로 바뀌었다는 사실은 심각하게 받아들여야 한다. 그럼에도 실제로는 거의 화제가 되지 않았다. 아마도 오사카가 인구 규모 제2의 도시라고는 하지만 경제 활력이 지속적으로 감소해, 이미 오래 전에 일개 지방 도시로 전락했다고 많은 사람들이 받아들였기 때문인지도 모른다.

도쿄증권거래소 1부에 상장된 기업의 시가 총액을 보면, 오사카권에 본사를 둔 기업 중 가장 규모가 큰 것은 18위 다케다약품공업이다. 그 다음이 22위인 무라타제작소이다. 1위 도요타자동차나 14위 덴소가 있는 나고야권과 비교해도 뒤처지는 상황이다(2015년 11월 20일 도쿄증권거래소 1부 시가 총액 순위). 게다가 오사카권에서는 대기업의 본사 이탈이 멈추지 않고 있다. 특히 은행의 경우, 3개 거대은행으로 통합되는 과정에서 오사카에 거점을 두었던 도시은행이 모두 본사(본점)를 도쿄로 옮겨버렸다. 제조업에서도 철강 사업자 일부가 경영 통합을 계기로 본사를 도쿄로 옮기는 사례가 있다. 게다가 여전히 간사이에 본사를 두고 있지만 도쿄에도 본사 기능을 두는 복수 본사 제도를 도입하는 사례도 많다.

이런 일련의 기업 유출은 그 지역 지자체의 세수 감소와 기업 경영의 결정권 상실로 이어진다. 특히 결정권 상실은

오사카의 오래된 거리

한때 일본 제일의 상업도시였던 오사카는 오일쇼크 이후 줄곧 인구 유출이 계속되고 있다.
오사카가 이런 상황이라면 다른 지방 도시들이야 말할 것도 없다.

지역 경제구조가 지점 경제가 되는 것을 의미한다. 가령 지역에서 산학관 협력을 꾀해도 참여 기업에 결정권이 없으므로 그 협력이 구체적인 성과를 낳지 못하는 일이 발생한다.

정부의 지방 재생전략에서도 지역산업의 경쟁력 강화를 위해 산업·금융이 하나가 된 종합지원 체제의 필요성을 강조한다. 그러나 지점에는 재량권이 인정되지 않으므로, 지역 협력에 참가하는 것도 교류나 소통 정도에 그쳐 큰 성과를 기대하기 어렵다. 오사카 같은 대도시조차 본사 기능이 계속 유출되는 상황이라면 다른 지방 도시들의 사정은 굳이 따져 보지 않아도 어려울 게 분명하다.

기업 본사를 지방으로 옮기라는, 탁상공론식 발상

정부의 지방 재생전략에 명시된 대로 기업의 본사 기능 지방 이전이 주목받고 있지만, 이런 정책의 효과는 제한적일 수밖에 없다. 여러 산업들 중 물건 만드는 것을 사업의 중심으로 하는 제조업은 서비스업에 비해 그나마 지방에 머무르는 경향이 있다. 도요타자동차는 일부 본사 기능을 도쿄에 두고 있지만 중심 기능은 지금도 아이치현 도요타시에 있다. 무라타제작소나 시마즈제작소, 교세라, 닌텐도 등 세계적인 제조업체들이 지금도 교토에 본사를 두고 있는 것은, 제조업은 반드시 도쿄로 가지 않더라도 성장할 수 있다는 사실을 잘 보여준다.

한편 자금이나 정보를 다루는 금융업계 및 정보업계는 도쿄에 모이는 것이 여러 모로 이득인 상황이다. 특히 정보 관련 기업이 많은 벤처 분야를 보면 창업이나 기업 육성에 필수적인 수요와 종잣돈, 자금이 도쿄에 집중해 있는 까닭에 대부분 도쿄를 중심으로 사업을 펴왔다.

벤처만이 아니라 많은 대기업이 본사 기능을 도쿄로 옮긴 것은 저마다 다른 이유가 있다. 도쿄에는 경영의 핵심요소라고 하는 사람·물건·돈 그리고 정보가 집중돼 있다. 그런 환경 속에서 일한다는 것은 기업 경영에 커다란 이점임에 틀림없다. 국제적인 기업의 진출도 많고 인재나 업종, 기업의 다양성이 상승효과를 내서 도쿄의 기업 흡인력이 더 강해지는 것이다.

그러나 정보통신 환경의 변화, 즉 ICT의 발전과 인프라 정비 덕에 도쿄로 향하는 기업의 흐름이 크게 바뀔 가능성이 있다. 고속통신망이 깔리면서 지방 대도시는 물론 중산간지역도 정보를 얻는 불편함이 줄어드는 추세다. 창업자금 조달 때에도 클라우드 펀딩(인터넷을 이용해 불특정 다수의 사람이 벤처나 소규모 사업자에게 자금을 제공하는 형태로, 일본에서는 동일본 대지진 이후 급속히 확대되고 있다)이 나오면서 지방의 약점이 크게 줄었다고 할 수 있다. 게다가 동일본 대지진 등을 거치면서 기업이 사업을 해나갈 때 거점을 한 곳에 집중하는 것보다도 분산하는 편이 바람직하다는 생각도 확산하고 있다.

도쿄가 아니면 거래가 불가능한 상황은 옛날이야기가 되어 가고, 위기관리를 위해서라도 거점을 분산시키는 게 중요하다는 인식이 생겨나기 시작한 것이다. 이미 일부 기업에서는 본사 기능의 지방 이전을 검토·시행하고 있다.

이런 기업들을 지원하기 위해 정부는 '마을·사람·일 창생 기본방침 2015'에서 '본사 기능을 이전하거나 지방에서 사업을 확충하는 사업자에게 세제 지원 조치 등을 신속하게 시행한다'라고 발표했다.[*] 이 자료에는 기업의 본사 지방 이전에 대한 우대 조치가 매우 구체적으로 제시되어 있다. 물론 지방에도 독자적으로 구축한 산업이 있으며, 능력을 발휘하지 못한 채 잠자는 인재도 적잖을 것이다. 기업을 받아들일 환경을 충분히 갖춘 지역도 있을지 모른다. 나아가 위기관리를 위해서도 전국에 기업 거점을 분산하는 쪽이 바람직할 수도 있다.

설령 그렇다고 해도 기업의 본사 기능 분산이 정부의 지원 아래 일거에 진행될 수 있을까. 문제는 그리 간단하지 않다. 아마도 정부의 논리는 일부 기업에 한정해 적용될 수 있

● '마을·사람·일 창생 기본방침 2015' 22쪽. Ⅲ 지방 창생을 강화하기 위한 정책 추진 2. 지방에 새로운 사람의 흐름을 만든다 (3) 기업의 지방 거점 강화 등.

을 것이다. 일반사단법인 일본경제단체연합회(게이단렌)가 정부 방침에 따라 2015년 6월 기업을 대상으로 지방 이전 가능성을 묻는 설문조사를 실시했다. 그 결과를 바탕으로 그해 9월 '본사 기능 지방 이전 등의 대책에 대하여'라는 정책 제언을 발표했다.

설문조사 결과 응답한 147개 사 중 2개 회사만이 본사 기능의 지방 이전을 검토하고 있다고 했다. '현재는 검토하지 않지만 앞으로 이전 가능성·여지가 있다'라고 답한 기업은 9개 사였다. 나머지 93퍼센트는 검토조차 하지 않고 있다고 했다. 게이단렌은 설문조사에 바탕한 정책 제언에서 기업의 지방 이전을 지원하기 위해 이미 실시하는 세제 우대 등 제도 개선*이 중요한 첫걸음이라며 정부의 정책에 호감을 표시했다. 나아가 기업은 경영 합리성에 따라 집적의 이점이 높은 수도권에 거점 정비를 진행하고 있다는 일반론을 편 뒤, 지방으로 본사 기능을 이전하기 위해서는 더 대담한 정책이 있어야 한다고 말한다. 그 구체적인 방안으로 특구 제도와

---

* 지방 재생법을 일부 개정해 본사 기능에 관해서 지방 거점을 확충하거나 도쿄 23구에서 이전―도쿄권, 주부권 중심부, 긴키권 중심부를 제외한 지역이 대상―한 경우, 고용촉진 세제―늘어난 고용자 일인당 최대 80만 엔 세액 공제 등―, 사무실 구입시 감세―특별상각 25퍼센트 또는 세액공제 7퍼센트―가 적용된다.

세제 우대조치 확대 등을 들었다. 얼핏 정부의 정책에 공손하게 따르는 태도를 보이기는 했지만 기업의 거점 배치는 각각의 사업 전략에 따른 것이며, 감세 확대 등 분명한 이점이 없으면 지방 이전은 결코 현실화되지 않을 것이라는 내용을 담은 자료이다.

정부가 내놓은 기업 거점 지방 이전 전략은 보조금 등에 의존해 지방으로 이주를 촉진하는 정책과 비슷하다고 볼 수 있다. 본사 지방 이전이 해당 기업의 성장에 도움을 줄 수 있을지 아닌지도 분명하지 않은 상황에서 보조금이나 세제 우대 등을 무리하게 남발해 고용부터 만들어내고 보겠다는 발상이다. 이 정책도 뿌리를 따지면 결국 지방에 젊은이가 있어야 한다는 결론에 도달할 듯하다. 지금까지 설명했듯 도쿄와 지방 간 인구이동 균형을 맞추어야 한다는 논리는, 그렇게 해야 할 합당한 이유조차 찾지 않은 상태에서 나온 정책에 불과하다.

지방의 산업 전략에 필요한 것은 대기업 본사를 끌어들이는 것이 아니다. 그 지역에서 수익을 올려 지속적으로 경영을 해나갈 기업을 늘려야 한다. 이미 있는 산업의 성장을 북돋우고 창업 등으로 만들어진 새로운 성장의 싹을 소중하게 키우는 데 초점이 맞추어져야 한다. 물론 그것은 행정만 나서서 될 일은 아니다. 금융기관이나 대학, 지역 주민 전체가 함께 나서서 방법을 모색할 때 비로소 현실화될 수 있는 일이다. 그런 활력을 갖춘 지역이라면, 누가 등 떠밀지 않아도 기업들이 먼저 사업 기회를 노려 적극적으로 옮겨오려고 할 것이다.

신규 유치보다 기존 기업을
붙잡는 게 중요해

새로운 산업 창출이나 벤처 육성 측면에서 일본이 서구에 비해 낮은 수준이라는 점은 이미 잘 알려져 있다. 일본은 서구 여러 나라에 비해 개업률이 낮다. 그 비율을 끌어올리기 위해 지금까지 다양한 정책을 폈지만 결국 실패했다. 그런 형편에 새로운 기업을 유치한다거나 기업 기능이 대도시에서 이전해 오기를 바라는 것은 다소 허황된 측면이 있다. 한편 지방에서도 많은 기업이 매일 생산활동을 하며 고용을 만들어내고 있다는 점을 고려하면, 해당 지역 기업의 성장을 북돋우는 것이 급선무이다.

최근 들어 조금씩 상황이 변하고 있지만 지금까지 지방자치단체는 신규 기업 유치에 열심인 반면, 지역에서 펼쳐지는 기업 활동에는 둔감한 태도를 보인 게 사실이다. 아마도 그들의 존재를 당연하다고 여기고 무시한 결과이리라. 신규 기업을 유치할 때 보조금이나 인프라 정비를 위해 발벗고 나서는 지자체가 기존 기업의 요청에 그 정도로 적극적이었다면 어땠을까. 명확한 근거 자료가 있는 것은 아니지만 사업 확대나 물류 시스템 변화 등에 따라 기존 인프라만으로는 기업 활동에 불편함이 생겨도, 그런 부분을 행정 쪽에서 좀처럼 해결해주지 않는다는 불만은 곳곳에 팽배해 있다. 그 중 가장 심각한 것은 도로 인프라이다. 자동차 보급이나 도시 면적 확대와 함께 기존 도로 곳곳에서 정체가 발생하고, 이것은 기업들의 물류에 심각한 지장을 초래한다. 이 병목을 해소하기 위해 도로를 개선해달라는 요청이 많았던 것 같다. 게다가 물류 시스템 변화로 트럭이 커지면서 현재 도로 상황으로는 통행에 지장이 생기는 사례도 늘었다.

리먼 사태 이후 기업이 재편되던 즈음, 이러한 불편함을 감수하던 기존 기업과 지자체의 의사소통이 부족해 결과적으로 지자체 쪽에서 큰 고기를 놓친 사례들이 여럿 생기기도 했다. 사업 재편 등에 따라 대기업이 사업소를 이전하거나 통폐합한다는 뉴스가 나오자 지자체 산업 담당 공무원이 그때까지 이야기 한 번 나눠본 적 없는 기업으로 부랴부랴 뛰어갔지만 이미 버스 지나간 뒤 손 흔드는 격이었다. 세계의 경쟁 기업들에 뒤처지지 않기 위해 매일 변화하고 개선하지 않으면 안 되는 기업과 전례를 중시해 급격한 변화를 바라지 않는 지방자치단체 간의 인식 차이가 만들어낸 결과이다.

지방 도시가 기업을 유치한다고 해도 인구감소가 계속되는 상황에서는 내수가 극적으로 늘기를 기대할 수도 없다. 그리고 사업자는 새로운 설비 투자에 지극히 소극적인 법이다. 엔화 가치가 떨어지자 외국 기업이 일본으로 진출하거나 해외로 나갔던 일본 기업의 국내 회귀 움직임도 있었지만, 실상 그들이 선택하는 지역은 결코 많지 않다.

무엇보다 기업 유치에는 큰 비용이 든다. 미에현이 거액의 자금을 들여 가메야마에 샤프 액정 패널 공장을 유치한 뒤로 지역의 기업 유치 비용은 한 자리가 늘어난 듯하다. 게다가 수도권 게이힌 공업지역 등에서도 재개발이 진행돼 지방 도시가 기업 유치 경쟁에서 이길 수 있을지는 더욱 장담할 수 없게 되었다.

그러므로 냉정하게 생각해야 한다. 거금을 들여 기업을 유치하기보다 애초 자기 마을에 있는 기업을 키워나가는 쪽이 비용 대비 효과가 클 가능성이 높다. 부족한 것은 없느냐고 매일 물으러 다니지는 않더라도 행정이 지역에 터잡고 있는 기업의 요청이나 의견을 귀담아 들어야 한다. 그럴 때 비로소 서로 신뢰를 쌓을 수 있다.

지역 기업이 유지되고 성장한다는 것은 무엇보다 그 지역 내 고용을 지킨다는 의미가 된다. 구태여 멀리 있는 것을 탐하지 말라. 밖에서 힘들여 끌어들이는 자원보다 안에 있는 것을 소중하게 생각하고 유지하는 쪽이 언제나 더 효율적이고 이로운 법이다.

분배라는 덫에
발목 잡히기 쉬운 행정

아직 충분한 수준은 아니지만 과거와 비교하면 민관의 관계는 많이 개선되었다. 고용을 낳는 비장의 무기인 지역 내 기업에 대한 행정의 배려도 두터워진 듯하다. 지역의 민관 혹은 산학금관이 협력해 경제를 살리자는 자세가 분명해진 것이 그 단적인 사례이다.

그러나 이런 협력이 겉으로 드러나는 숫자만큼 지역 활성화나 경제성장에 기여하는 것은 아니다. 이유는 제각각이지만 그 중 한 가지로 꼽히는 게 참여 기업의 진정성 문제이다. 본사가 도쿄에 있는 탓에 결정권이 없는 지점 수준에서 단순한 교류를 위해 참여하는 것이라면, 모처럼의 협력도 결실을 보지 못할 공산이 크다.

그리고 하나 더 지적할 문제는 관과 민 제각각 목표로 하는 지점에 명확한 차이가 있다는 점이다. 민간은 궁극적으로 그 사업으로 돈을 벌 수 있느냐가 관건이다. 반면 지역 전체의 수준 향상을 중시하는 관은 어떤 전략을 택하더라도 '분배'를 의식하지 않을 수 없다. 예를 들어 행정이 만드는 성장 전략에서는 지역 내 자원에 집착해 가능하다면 많은 중소기업이 참여하고, 그들이 차별 없이 성장하는 것을 목표로 하기 십상이다. 상가 재생 등이 전형적인 사례로, 별로 의욕적이지 않은 사업자가 있다 하더라도 배제하기가 쉽지 않다. 사업 계획이 그런 식이어서는 절대 안 된다고 말하려는 게 아니다. 다만 이렇게 갈 경우, 본래의 목적은 뒤로 밀리고 결과적으로 보조금 배분 등 잿밥에만 관심 있는 상황이 발생할 수 있다.

그리고 행정은 때때로 지역 내 자금 회전만 생각해 경제학에서 말하는 '비교 우위'의 개념을 간과하기 쉽다. 비교 우위란 가령 두 지역이 함께 같은 두 종류의 물건을 생산하는 경우, 두 지역이 각각 물건을 만드는 것보다 각자 더 잘할 수 있는 물건을 전업으로 생산해 거래하는 편이 효율적임을 설명하는 용어이다. 물론 지역 경제는 그 정도로 단순하지 않다. 나아가 지역 내에서 자금 유동성을 높이겠다는 발상이 중요하다는 데에는 이견이 없다. 그러나 소규모 지역에서 지역의 경제 순환에만 집중해 부족한 부분을 무리하게 메우려 하다가는 오히려 비효율적인 경제 구조를 만들어버릴 우려가 있다.

된장 만들기 사례는 여기에도 해당된다. 지역에서 수확한 대두를 된장으로 가공하려고 작은 라인의 새 설비 투자를 할 때 이야기이다. 결국 보조금으로 분쇄기를 구입하지만, 기왕 들여온 새 설비를 거의 대부분의 기간 동안 흰 시트로 덮어두는 상황이 각 지역에서 발생한다. 그런 경우라면, 지역 바깥에서 자본을 끌어오거나 다른 지역과 협력을 모색하는 방향으로 선회하는 게 훨씬 경제적이다.

게다가 경제권 전체를 아우르는 광역 협력에 바탕한 성장 전략의 경우, 참여 지자체 간 이해 조정이 어렵다는 문제가 도사리고 있다. 인접한 지자체는 경쟁 관계에 놓이기 십상이고, 주민들 간 감정싸움도 종종 일어나서 협력을 거론조차 할 수 없는 상황까지 발생한다. 예를 들어 야마가타시와 센다이시는 도시 간 버스로 한 시간 조금 넘고, 자동차라면 한 시간 이내 거리이다. 도시 간 버스는 매일 80차례 왕복한다. 평균 15분에 한 대 꼴로, 도쿄권의 철도와 비슷한 수준이다. 시민끼리 왕래가 빈번하고 서로 통근하는 사람도 있는 등 경제적으로도 밀접한 관계이다. 그러나 두 지역은 일부 관광진흥 분야에서 협력하는 정도일 뿐, 그 외 경제 전략에서는 손을 잡지 않고 있다.

경제나 사람의 이동은 이미 지자체의 범위를 넘어선 것이고, 현이나 기초 지자체 행정의 구분짓기식 발상으로는 실효성 있는 경제 전략을 구축하기도 어렵다. 관 주도로 경제 협력을 꾀한다고 하더라도 조직을 행정적으로 운영해서는 민간 기업의 참여를 기대할 수 없다. 이런 문제를 아는 일부 지역에서는 민간 주도로 지역 협력을 모색하려는 움직임이 생겨나고 있다.

지역 협력은 민간 주도로

관이 주도하는 지역 협력의 한계를 민간 주체의 협력으로 극복해가는 사례가 하나 둘 나오고 있다. 후쿠오카지역전략추진협의회(FDC)는 후쿠오카 도시권의 성장 전략을 구축해 실현하는 것을 목적으로 9개 시와 8개 정의 산업계 및 대학, 금융기관, 행정이 참여해 2011년에 발족했다. 설립 당시 협의회는 후쿠오카 도시권을 면밀하게 분석했고, 그 결과 이 지역을 아시아의 성장에 보조를 맞춘 아시아 중심 사업 거점으로 키워나가야 한다는 결론에 도달했다. 그렇게 나온 청사진이 MICE를 중심으로 하는 성장 전략이다. MICE는 Meeting(회의), Incentive travel(포상 여행), Convention(국제회의), Exhibition(전시회)의 머리글자를 모은 것으로, 요약하면 사업상 여행쯤 된다. 이 청사진이 현실화할 경우 대규모 방문단을 유치할 수 있으므로, 행정도 성장 전략의 하나로 기대하고 있다.

FDC는 MICE 진흥을 위해 관광, 음식 문화, 도시 운영, 인재 육성으로 타깃을 좁혀 민간 주도 국제교류 거점화를 꾀하고 있다. 이 단체가 지향하는 궁극의 목표는 9개 시 8개 정 전체의 경제성장이다. 하지만 재미난 것은 이를 위해 도시권의 강점을 최대한 살려낸다는 것이다. FDC는 도심에 새로운 사업을 만드는 것을 목표로 행정 규제 완화를 요청하거나 지속적인 정책 제언을 펼쳐나가고 있다. 게다가 여러 과제의 우선순위를 명확히 설정해 발빠른 사업화를 진행하는 등 지극히 민간적인 사고방식으로 일을 실행한다. 회원 자격도 이 지역에서 활동하는 기업은 말할 것도 없고 지역 밖에 본사를 둔 기업부터 글로벌 기업까지 제한 없이 열려 있다. 즉 기업활동의 일환인 교류 목적으로 이 같은 협력에 참여하는 것이 아니라 후쿠오카를 거점으로 사업을 일으켜 수익을 내고자 하는 기업을 이끌고 가는 단체라는 얘기다.

한편 FDC는 '새로운 공공'(지금까지는 공공사업을 행정이 맡았지만 '새로운 공공'에서는 행정은 물론 시민이나 NPO 또는 기업까지 포함해 다양한 주체가 서로 돕는 구조이다)의 역할도 맡아 지역 전체를 두루 살피는 일을 병행한다. 가령 도시권을 구성하는 지자체의 성장 전략을 만들 때 FDC가 컨설팅을 진행한다. 또 벤처 창출을 목표로 '이노베이션 스튜디오 후쿠오카'라는 인재육성 조직을 만들었고, 그 회원 기업으로 클라우드 펀딩 사업자가 이름을 올리고 있다. 사업 설립부터 자금 조달까지 포괄적으로 지원하는 체제를 갖춘 것이다.

그리고 사회 과제 해결형 금융상품 중 하나인 '사회적 임팩트 투자(SIB)'를 활용한 헬스케어(치매 예방·중증화 예방 사업) 시범 사업에도 참여하고 있다. SIB란, 민간 투자자들이 출자한 자금을 사회공헌 사업에 투자해 그로 인해 행정 비용이 줄어든 만큼 투자자에게 돌려주는 금융 상품이다. 큰 수익을 기대할 수는 없지만 사회공헌이라는 의미를 지닌 데다 세계적인 저금리 추세까지 더해져 최근 주목도가 높아지고 있다. 정부의 '마을·사람·일 창생 기본방침 2015'*에서도 행정 과제 해결에 민간의 지혜를 이용하는 방법의 하나로 거론했다.

정부는 2020년까지 이런 사업들을 통해 고용은 6만 명, 지

● 〈마을·사람·일 창생기본방침 2015〉 4쪽. II. 지방창생의 기본방침-지방창생의 심화- 2. '지방 창생의 심화'를 목표로 하는 로컬 아베노믹스의 실현- ③ '민간의 지혜'를 끌어낸다: 민간의 창의력과 국가전략특구를 최대한 활용.

역 내 총생산은 2.8조 엔, 인구는 7만 명을 늘린다는 계획을 잡고 있다. 즉 민간 주도로 지역경제를 활성화해 양질의 고용을 늘림으로써 도시권 내 일인당 총생산을 큰 폭으로 올리겠다는 목표이다. 이런 맥락에서 지역 투자의 강점을 살려 성장 가능성이 높은 분야에 주력하면서 나아가 도시권 전체의 성장을 꾀한다는 FDC 방식은 다른 지역에서도 참고할 부분이 많다.

지방 대학교를 살려라

최근 지방의 대학들이 지역 활성화나 성장 전략에 보조를 맞추는 움직임이 일기 시작했다. 지역 재계 및 행정과 협력해 학내 지역활성화센터 같은 조직을 만들어 지역 재생을 지원하는 것이다. 이런 움직임은 도시나 지방의 성장을 위해 앞으로 한층 늘어날 것으로 기대된다. 정부의 '마을·사람·일 창생 기본방침 2015'에서도 지방 대학교의 역할을 강조한다. 지역 수요에 맞는 고등교육기관으로서 기능을 강화해 지역 산업을 맡을 인재를 육성하는 동시에 지역의 과제 해결에 대학이 공헌하는 체제를 갖추도록 권장하는 것이다.•

지방 대학들이 맡아야 할 역할 중 특히 중요한 것은 산업 및 공동체의 지속성 향상에 도움이 되는 인재를 공급하는 일

• 〈마을·사람·일 창생 기본방침 2015〉 23쪽. Ⅲ. 지방 재생 강화를 위한 정책 추진 1. 지방에 일을 만들어 안심하고 일할 수 있도록 한다 (5) 지방 대학 등의 활성화.

이다. 지방 국립대의 존폐와 재편이 거론되는 지금, 최첨단 연구에서 지역 재생까지 대학은 다양한 역할을 맡고 있지만 그럼에도 놓치지 말아야 할 가장 중요한 가치는 교육기관이라는 인식이다. 인문계와 이공계를 불문해 지역에 공헌할 수 있는 인재를 배출하지 못한다면, 대학으로서의 존재 의의가 있는지 되돌아보는 자세가 필요하다. 당연히 학부 구성 단계에서도 그 점을 의식해야 한다.

나아가 연구 분야에서도 지역 산업과의 연관성을 고려하는 것이 바람직하다. 해당 지역에서 강점을 지닌 산업에 기술 및 이론적인 지원을 하는 것이다. 지역 산업에 대학이 보조를 맞추거나 혹은 대학이 지닌 강점을 살려 지역의 산업구조를 구축하는 방식으로 연계하는 것도 좋다. 후자로 유명한 곳이 미국 펜실베이니아 주 피츠버그이다. 피츠버그는 본래 세계 유수의 철강 생산지로 번영한 지역이다. 하지만 일본 등 여러 나라의 철강 생산이 늘면서 그늘이 지기 시작했다. 1950년에 68만 명이던 시의 인구는 교외 유출의 영향까지 겹쳐 감소 흐름을 타더니 2010년에는 31만 명으로 줄었다. 60년 사이 반토막이 난 것이다. 도시권 전체로 보아도 1970년부터 40년 간 약 15퍼센트 인구가 감소했다. 특히 미국 철강

업의 쇠퇴가 눈에 띄기 시작한 1980년대에는 이 흐름이 한층 더 빨라졌다. 그야말로 기간산업 쇠퇴가 지역 쇠퇴로 직결된 사례였다.

그러나 피츠버그는 생명과학과 ICT, 서비스업으로 산업구조를 전환하는 데 성공해 새로운 빛을 발하고 있다. 그 중심적인 역할을 하는 것이 이 지역 카네기멜론 대학교와 피츠버그 대학교가 보유한 생명과학 분야 연구 지식 및 지적 재산이다. 그 대학들을 중심으로 산업이 집적되어 지역 제조업체가 성장하는 바탕이 되었고, 서구 대형 제약회사가 제조 거점을 그곳으로 옮기는 일까지 일어나며 새로운 고용의 밑받침이 만들어졌다.

물론 피츠버그 도시권 전체의 인구감소는 여전히 멈추지 않았고 2000년대에 들어 공공 건설사업 주도 재생 정책이 재정 악화를 불렀다는 비판이 있는 것도 사실이다. 그러나 2005년 이후부터 피츠버그의 일인당 소득 증가는 미국 전체 평균을 넘어섰다. 산업구조를 재편해 소득이 오르고 도시의 활력을 되찾으면서 도시 재생의 성공 사례로 입에 오르내리기에 이른 것이다.

지방 은행이 할 수 있는 것은
여전히 많다

정부의 지방 재생전략은 지역 산업을 부활시키는 데 있어 해당 지역 금융기관이 중요한 역할을 맡도록 하고 있다. 돈을 혈액에 비유할 때 금융기관이 자금의 흐름을 원활하게 하는 심장 역할이라는 점을 고려하면, 정부의 지적은 핵심을 짚은 것이라고 할 수 있다.

그러나 예금의 형태로 국민의 돈을 맡아 운영하는 금융기관으로서는 대출받는 곳의 신용이나 장래성을 무시한 채 돈을 빌려줄 수가 없다. 그리고 통상의 대출심사 틀에 해당하지 않는 업종은 대출 대상에서 제외할 수밖에 없는 상황도 생겨난다. 가령 농업 분야 대출은 농업에 대한 전문적인 지식과 눈썰미가 필요해서 지금까지는 주로 농협 관련 금융기관이 이를 맡아왔다. 은행이 나설 분야가 아니라는 견해가 일반적이었던 것이다.

최근 이러한 은행의 가능, 불가능 범주가 조금씩 바뀌는 조짐이 보인다. 예를 들어 가고시마은행에서는 현의 기간산업 중 하나인 농업 분야에서 가고시마 애그리클러스터를 만들어 지역 농업 개발의 중심 역할을 맡고 있다. 축산 농가를 위한 서비스로 장기 자금의 경우 투자은행과 협력해 애그리클러스트펀드를 조성해 대출하고, 단기 자금은 은행이 직접 동산 담보 대출(ABL)을 실시한다. ABL은 일반적인 부동산 담보 대출이 아니라 동산, 축산업으로 말하면 트랙터 같은 농기계와 축산 그 자체, 미회수 판매금 등을 담보로 대출하는 방식이다. 나아가 농림시험장 등의 OB를 채용해 그들이 지도 역할을 맡는 농업전문가 육성 시스템도 은행 내에 구축하고 있다. 가고시마 대학교와 손잡고 경종耕種농업을 위한 ABL 시스템도 개발했다. 또 지역 생산물을 지역 밖으로 내다팔기 위해 국내외 시장이나 판로를 개척하는 일에도 은행이 팔을 걷어붙이고 나선다.

가고시마은행은 새로 농업을 시작하는 사람들에게 지방자치단체가 대출금의 이자를 지원해주는 형태의 제도 융자는 하지 않는다. 대신 각 농가의 사업성을 평가해 대출한다는 방침을 세우고 있다. 이것은 농가 대출이 농가 구제적 성격에서 벗어나 사업성을 고려한 성장 전략으로 진화한다는 것을 의미한다. 가고시마은행이 지역의 기간사업인 농가 성장 전략의 구심적 역할을 하는 셈이다.

농업 외에 은행의 대출 대상에서 벗어난 대표적인 사례로 갓 창업한 벤처나 규모가 작은 첨단 사업체들이 있다. 특히 벤처 사업의 경우 부도 위험이 매우 높다는 문제와 함께 은행의 심사기준에 해당하지 않는 분야가 많아 직접 대출이 어려운 게 사실이다. 은행도 신규 분야 전문인력을 늘리는 등 대응을 하고 있지만, 여전히 직접 대출이 어려운 업종이 많은 형편이다.

이런 상황에서 창업자 및 사업체와 은행 사이를 연결하는 존재로 최근 클라우드 펀딩이 주목받고 있다. 은행이 대출하기 어려운 사안일 경우, 클라우드 펀딩을 통한 자금 조달을 먼저 실시해 사업 가능성을 살펴보는 것이다. 여기서 다수 투자자가 긍정적인 평가를 내리면, 은행은 그걸 토대로 삼아 사업성이나 지속성 여부를 평가해 대출을 해주는 방식이다.

이런 방식을 두고 은행이 본분을 망각한 채 돈이 될 만한 곳에만 달려든다는 지적도 나온다. 하지만 본래 은행은 융자 신청업체의 신용이나 장래성을 무시한 채 무작정 대출을 해줘서는 안 된다. 그것이야말로 은행이 지켜야 할 제1 원칙이다. 하지만 현실적으로 지방 금융은 지역 산업 육성과 지원을 목적으로 하기 때문에 사업체의 신용도에 상관없이 대출을 실시하는 경우가 적지 않다. 실질적으로 배분에 가까운 자금 공급이다. 부도가 나도 하등 이상할 게 없는 기업이 대출로 연명하면서 산업의 신진대사를 방해하고, 심지어 성장성 있는 신사업이나 신생 기업들이 적정한 조건으로 대출받지 못하게 만드는 경우도 허다하다. 그런 측면에서 사업성이 있고 성장 가능성이 높은 벤처 사업에 돈을 융통시키기 위해 지방 은행과 클라우드 펀딩이 협력하는 방식은 매우 효과적이다. 양측의 관계는 앞으로 더 밀접해질 것으로 보인다.

매출이 아니라
생산성을 높여라

아무리 지역 고용을 창출한다고 해도, 가령 고령자 이주를 받아들여 간병 분야 일자리 몇 개를 늘리는 게 얼마나 효과가 있을까. 설령 일자리가 늘어난다고 해도 그 고용이 노동집약적이라면 장기적으로 봐서 지역에 활력을 불어넣는 건 불가능하다. 인구감소가 본격화해서 일손이 부족해지면 그런 산업에서 인재 유출이 일어날 것은 자명하다. 지금 지방에 필요한 것은 노동자가 더 많은 돈을 벌어들일 수 있는 생산성 높은 산업과 일자리이다.

3장에서 지적했듯이 같은 부가가치의 일이라면 일손을 줄이려는 발상이 필요하다. 이미 설명한 농업이나 간병은 말할 것도 없고 다른 서비스업에서도 이런 발상이 필수적이다.

물론 일손을 줄이기만 하면 된다는 말이 아니다. 예를 들어 호텔 등 숙박업을 생각해보자. 지금은 전에 없던 외국인 관광객 붐으로 많은 호텔과 여관이 만실 상태이다. 그러나 여행객에도 여러 유형이 있다. 고급한 것을 찾는 사람이 있는가 하면, 가격이 최우선 고려 사항인 사람도 있다. 즉 가능하다면 많은 일손을 들여 높은 품질의 서비스를 제공하는 럭셔리 호텔부터 일손을 줄여 간소한 서비스로 저렴한 가격을 내세우는 호텔까지, 숙박업의 형태가 다양해져야 한다는 것이다. 둘 다 생산성 제고를 목표로 한 전략이라는 측면에서 올바른 선택이라고 할 수 있다. 전자는 많은 일손을 투입해 그 이상의 부가가치를 만들어내는 전략이고 후자는 더 적은 인력으로 일정한 부가가치를 실현한다는 발상이다.

간단한 예로 아침식사를 통해 두 전략 간 노선의 차이를 알 수 있다. 럭셔리 호텔의 아침식사가 좋은 것은 당연하다. 또 비즈니스호텔 중에도 충실한 아침식사 제공을 강점으로 내세우는 곳이 있다. 한편 간소화를 목표로 해 극단적인 경우 숙박시설 내에서 아침식사를 일체 제공하지 않는 호텔도 있다. 아침식사를 제공하지 않을 경우, 주방을 만들고 요리사를 확보하는 데 드는 비용을 절감하게 된다. 그런 호텔에서는 대신 아침부터 문을 여는 주변 식당이나 레스토랑의 식권을 나눠준다든지 하는 방법으로 부족한 서비스를 보완하고 고객의 만족도를 높일 수 있다.

각 숙박업자가 목표하는 방향에 맞춰 종업원 일인당 생산성을 높이는 사업 형태를 선택하는 것이 중요하다. 핵심은 인구감소 추세를 제대로 이해하고 일인당 생산성을 높이기 위해 사업자가 가진 자원을 지혜롭게 배분하고 활용하는 것이다. 일손을 늘려도 수익이 오르지 않는 사업이 되지 않도록 각별히 유의해야만 한다.

오사카에도 있는 부활의 싹

앞서 오사카가 어려운 상황에 처했다고 말했지만 마냥 앉아서 쇠퇴를 받아들이고 있는 것은 아니다. 효고현에는 생명과학 연구시설인 이화학연구소(리켄)가 있다. 리켄은 고에너지 광과학 관련 시설 및 슈퍼컴퓨터 '게이京' 등 연관 업체까지 유치하는 데 성공해, 지금은 대학과 연구기관, 산업계 등 생명과학 관련 인재들이 모인 첨단과학 연구 거점으로 변모했다. 충실한 연구 환경을 찾아 약품 개발 관련 기업이 진출하기까지 한다.

한편 오사카역과 우메다역에 인접한 '우메키타' 지역에는 2013년 그랜프론트 오사카가 문을 열었다. 그 그랜프론트 오사카 북관의 저층에, 북관 건물 면적의 15퍼센트(8.8만 평방미터)를 차지하는 나리지캐피털이라는 곳이 자리하고 있다. 나리지캐피털은 '지知'를 지역 발전과 혁신으로 이어가

그랜프론트 오사카 북관에 들어선 나리지캐피털

산학관민 교류 거점인 이곳에 여러 기업이 개발실험 시설을 두고 있다.
전문가는 물론 일반 시민이 첨단기술을 체험한 뒤 의견을 제시하는 이곳은
오픈한 지 얼마 되지 않아 오사카의 명물로 자리잡았다.

는 것을 목표로 내세운 산학관민 교류 거점이다. 여러 대학이 이곳을 연구교육 거점으로 삼고 있으며, 많은 기업이 이곳에 개발실험 시설을 두고 있다. 흥미로운 사실은 연구자와 기업인이 교류할 수 있는 회원제 살롱이 있어서 새로운 창조와 교류의 장으로 활용된다는 점이다. 게다가 일반 손님이나 시민이 첨단기술 및 신제품을 체험하는 공간도 마련돼 있다. 그곳에서 시민의 반응을 살펴본 뒤 신제품 개발 방향에 반영하는 체제이다.

이런 방식이 곧바로 수익을 내거나 큰 사업을 만들어낼 수 있다고 단언하기는 힘들다. 그러나 오사카역이라는 랜드마크에 이렇듯 혁신의 중심이 되는 '장소'를 구현했다는 사실이야말로 의미가 깊다. 상인의 고장, 중소제조업의 고장인 오사카에 새로운 변혁을 가져올 '창조'를 문화로 정착시키겠다는 의지를 이 공간에 담은 셈이다. 대학의 지식과 기술을 크리에이터나 기업을 통해 구체화함으로써 새로운 산업 창조의 불씨를 피워 올리려는 것이다.

오사카권의 대응을 보면 지역 발전의 방향이나 방식은 다양하며, 각자 지닌 자원을 살리는 작업이 필수라는 사실을 알 수 있다.

인구 규모를 보자면 효고나 오사카의 대응은 아직 첫걸음에 불과할 뿐, 더 과감한 혁신이 요구된다. 그러나 이런 움직임을 발판으로 새로운 부를 만들어내 향후 긴키권 전역, 나아가 일본 전체의 성장을 견인하는 거점으로 부활할 날을 기대해볼 만하다.

인구 흐름의 댐이 된
후쿠오카

연간 7,000명 전입 초과인 후쿠오카시는 주변 광역 지역의 경제를 이끌어가는 존재로 거듭날 필요가 있다. 여기서 후쿠오카시와 후쿠오카현의 인구 상황을 다시 보겠다. 먼저 후쿠오카시의 전입 초과를 좀 더 상세히 살펴본다. 그림 5-1에서 알 수 있듯이 2014년 후쿠오카시의 전입 초과 인구는 7,500명에 약간 못 미치는 수준이었다. 전입 초과 내용을 보면 현내 다른 기초 지자체에서 2,450명, 규슈의 다른 현에서 6,500명, 주고쿠·시코쿠 지역에서 900명으로 나타났다. 그리고 도쿄권으로 2,400명 정도가 빠져나간 상태다.

다시 말해 후쿠오카시가 후쿠오카현뿐 아니라 규슈 전역과 주고쿠, 시코쿠 지역 인구를 전방위적으로 받아들이고 있는 것이다. 지방의 중심 대도시는 산업 집적을 배경으로 주변 지역 인구를 받아들이는, 말하자면 인구 유동의 댐 역할

그림 5-1 2014년 후쿠오카시의 지역별 전입 초과·전출 초과

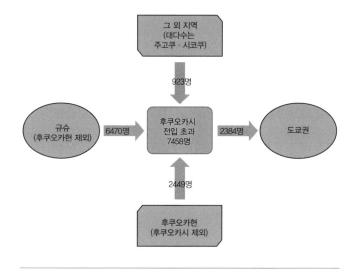

자료: 총무성 '주민기본대장 인구이동 보고'

을 한다.[•] 후쿠오카는 이런 역할을 규슈만이 아니라 주고쿠·
시코쿠를 포함한 광역에서 해내고 있는 셈이다.

눈여겨볼 대목은 후쿠오카시가 인구를 빨아들이는 양상이
지방의 다른 중심도시들과는 많이 다르다는 사실이다. 비슷

● 후지나미 다쿠미, 《지방 도시 재생론》 니혼게이자이신문출판사, 281쪽.

한 정도의 인구 흡인력을 가진 삿포로시와 비교해보자. 홋카이도의 중심도시인 삿포로의 경우, 그 영향력은 도 내로 한정된다. 2014년에 한정해서 본다면 삿포로시의 전입 초과 규모는 후쿠오카시보다 약간 많은 8,000명을 조금 넘었다. 그러나 삿포로시는 다른 현과 관계가 제한적이다. 도쿄권으로 전출 초과가 3,000명을 넘는 점이 눈에 띌 뿐이다. 삿포로시의 전입 초과는 기본적으로 도 내 다른 기초 지자체에서 온 인구로, 그 규모가 약 1만 2,000명에 이른다. 즉 삿포로시는 지리적 요인으로 홋카이도 내에서 한정된 인구를 받아들인다고 할 수 있다.

다음으로 규슈 7개 현의 인구 변화를 다소 장기간에 걸쳐 살펴보겠다. 현재 규슈에서 인구증가 추세인 곳은 후쿠오카현뿐이다(그림 5-2). 후쿠오카현 외에 미야자키현을 제외한 5개 현이 이미 1950년대에 전체 인구 정점을 찍은 후 한동안 현상을 유지하다 감소세로 바뀌었다. 미야자키현 역시 정점은 1996년이었지만 1950년대에 비하면 큰 폭의 인구증가 없이 장기간 대체로 현상 유지를 한 정도라고 해도 좋은 상황이다.

전쟁 중 소개나 해외에서 돌아온 일본인, 여기에 전후 베

그림 5-2 규슈 각 현의 인구 변화

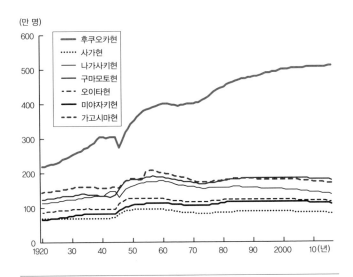

(만 명)

후쿠오카현
사가현
나가사키현
구마모토현
오이타현
미야자키현
가고시마현

자료: 총무성 '인구 추계'

이비붐이 이어지면서 종전 직후부터 1960년대까지 지방의 인구는 크게 늘었다. 규슈의 각 현도 예외는 아니다. 사실 이 시기 지방의 여러 현은 경제 규모나 인프라 정비 면에서 본다면 3대 도시권에 비해 지나치게 많은 인구를 안고 있었다고 할 수 있다. 그 때문에 전후 복구 시기와 고도성장기를 거치며 3대 도시권이 경제성장을 이끌어가자 지방의 현들은 인력 공급의 거점이 되었고, 1960년대로 접어들면서 거의 대부분의 현에서 인구가 감소하기 시작했다. 그 후 오일쇼크와 함께 나온 경기 대책에 따라 경제성장의 중심이 3대 도시권에서 지방으로 옮겨가자 많은 현이 다시 인구 증가세를 보이기 시작했다. 그러나 일본 전국이 이 같은 상황이었음에도 불구하고 후쿠오카현 이외 규슈의 각 현은 인구가 지속적으로 유출되었다. 후쿠오카와의 산업 격차가 이런 현상을 부채질했다.

이 같은 상황을 볼 때 향후 젊은 세대가 후쿠오카에 모이는 상황은 쉽사리 변하지 않을 전망이다. 반대로 후쿠오카시를 중심으로 한 후쿠오카 도시권은 젊은 세대를 모아서 더 많은 부를 만들어내 규슈 전체는 물론이고 주고쿠·시코쿠를 포함한 서일본 경제를 이끌어가는 역할을 맡게 될 것이라고 봐야 한다.

아시아를 향한
사업 무대로 성장하라

후쿠오카시는 이미 기업·사업소 개업률이 전국 현청 소재지들 중 가장 높다. 일본 내에서 경제활동이 가장 활발한 도시라고 할 수 있다(2012년도판 경제센서스). 지방 재생전략의 일환으로 정부에서는 기업의 본사 기능 지방 이전을 유도하고 있지만 후쿠오카시에서는 시가 설치한 시립교부금제도 등에 힘입어 이전부터 기업 진출이 활발한 편이었다. 지점을 두는 기업만 있는 게 아니다. 아예 본사를 후쿠오카로 이전한 기업들이 생겨 뉴스로 다뤄질 정도였다. 게다가 이른바 '후쿠오카 본사' 방식의 거점을 만들어 일정한 재량권을 현지에 주는 기업도 눈에 띈다.

지역 협력을 설명하면서 언급했던 FDC 전략도 시의 이런 방침에 발맞춘 것이다. FDC에 참여하는 회원 기업은 반드시 역내 기업일 필요가 없다. 후쿠오카를 거점으로 사업에 성공하고자 하는 기업이라면 누구든 환영한다. 외부의 자원을 지혜롭게 활용해 지역 발전의 기초로 삼는 동시에 내부 기업의 성장을 유도하는 선순환을 노린 것이다.

본래 일정 규모 이상 대도시에서 산업 전략을 구상할 때는 해당 도시에 상주한 기업이 주도적 역할을 맡아야 한다고 고집부리거나 본사의 소재지 등을 따로 묻지 않는다. 세계화가 진행되면서 기업의 국적 자체는 별 의미가 없는 상황이 되었다. 일본에 본사를 둔 업계 최대 기업이 해외 투자법인을 설립해 자금을 외국의 기관투자가에게서 조달하는 일도 드물지 않다. 지사이든 본사이든, 지역이라는 무대에서 경제활동을 하겠다는 의욕이 있다면, FDC처럼 적극적으로 참여시켜야 한다고 생각한다. 아시아의 관문으로서 지역 안팎의 자원을 집적하고 주변의 인재를 받아들여 한층 더 성장해가는 목표를 지닌 후쿠오카의 전략은 매우 타당하다고 할 수 있다.

앞으로도 후쿠오카시는 현재의 인구증가 추세가 유지되겠지만 현 전체는 얼마 지나지 않아 인구감소로 바뀔 것이다. 그런 상황에서도 후쿠오카 도시권은 주변 지역 젊은 인재를 받아들여 경제성장을 견인해나갈 것으로 보인다.

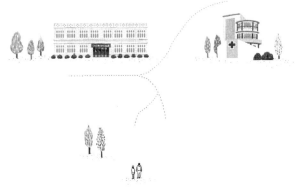

6 장

콤팩트시티만이 능사는 아니다

인구가 줄어도
거주 지역은 확대된다

지방에서는 중산간지역 인구가 현청 소재지급 도시나 더 큰 중심도시로 빠져나가는 상황이 오랫동안 이어지고 있다. 그럼에도 불구하고 이들 도시의 인구 역시 줄어드는 추세다. 이것은 도쿄에 젊은 세대를 빼앗겨서라기보다 사망자 수가 출생자 수를 앞지르는 자연 감소로 인한 결과다. 앞으로 도쿄를 포함해 대부분의 도시와 지역에서 인구는 지속적으로 줄어들 것이다.

이에 대비하기 위해 정부에서는 콤팩트시티 조성을 권하고 있다. 하지만 실제로 사람이 도시 중심부로 모여들어 도시가 콤팩트해지는 사례는 거의 없다. 성공적인 콤팩트시티로 이름이 높은 도야마시 역시 2010년에 실시한 인구센서스를 보면 중심 시가지의 인구증가는 눈에 띄지 않는다. 교외 진즈우천 인근 지역에 새로운 주택가가 조성되면서 젊은 세대가 이주한 것만이 새롭게 눈에 띄는 현상이다.

다만 동일본 대지진 이후 도야마시를 포함한 일부 도시에서 중심 시가지로 인구가 돌아오는 움직임은 포착되고 있다. 그 대부분은 땅값이 하락한 중심 시가지에 아파트가 새로 들어선 결과이다. 지속적인 움직임이라고 단정하기는 어려운 상황이다. 따라서 큰 규모의 인구가 도심에 모여 산다는 의미의 콤팩트시티에 근접한 지역은 사실상 없다고 해도 좋다.

일반적인 도시에서 여전히 중심 시가지 인구는 감소하는 한편 도시 지역이 교외를 향해 조금씩 확대되는 스프롤sprawl 현상이 나타난다. 인구센서스에서 도시 지역을 정의할 때 사용하는 인구집중지역*의 면적과 인구 변화를 보면 이를 한눈에 알 수 있다.

그림 6-1은 도쿄권과 그 이외 지역(비도쿄권)에서 2000~2010년 사이 DID 안팎의 인구와 DID 면적의 변화를 나타낸 것이다. 인구는 도쿄권, 비도쿄권 모두 비DID에서 감소

---

* DID. 인구센서스의 정의에 따르면 DID는 기초 지자체에서 인구밀도가 높은 기본단위 구역−원칙적으로 인구밀도가 1평방킬로미터당 4,000명 이상−이 인접하고 또 그 인접한 기본단위 구역 내의 인구가 5,000명 이상인 지역을 말한다. 다른 말로 하면 4,000명/ 평방킬로미터 이상의 인구밀도가 있는 지역에서 5,000명 이상의 인구가 모여 있는 지역을 말한다. 일반적으로 도시 지역이라고 생각하면 되는데 모든 광역 지자체에 분포해 있으며, 가장 큰 지역은 사이타마현과 아이치현의 81곳, 가장 적은 지역은 돗토리현 5곳이다.

그림 6-1 도쿄권, 비도쿄권별 DID 인구 · 면적 변화(2000~2010년)

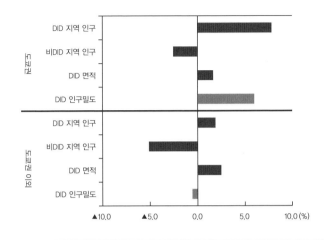

자료: 총무성 '사회생활통계지표—광역 지자체 지표'

했고 DID에서 증가했다. 이것은 중산간지역과 같은 비도시
지역에서 도시 지역으로 사람이 흘러가고 있다는 의미로, 이
책에서 거듭 설명한 대로 젊은 세대가 도시로 모이는 흐름을
뒷받침한다. 그 인구를 받아들이는 DID의 면적은 도쿄권,
비도쿄권 모두 증가하고 있지만 도쿄권에서는 인구증가율이
DID 면적 증가율을 웃돌고 있어 DID 인구밀도는 높아졌다.
반면 비도쿄권에서는 DID 면적 증가율이 인구증가율보다 앞서서, DID 인구밀도는 약간 낮아졌다. 즉 지방의 도시 지역에서는 인구 유입이 도심이 아니라 교외, 특히 DID 주변에 집중되면서 도시를 넓히는 상황이다.

한편 콤팩트시티라고는 명명하지 않지만 히로시마시의 경우, 중심 시가지의 인구증가가 눈에 띈다. 히로시마에서는 콤팩트시티라는 말이 널리 알려지기 전인 1980년대부터 사람들의 도심 거주에 힘을 쏟아왔다. 게다가 땅값 하락과 고령화 등의 요인이 맞물리면서 중심 시가지로 옮겨와 살려는 사람이 조금씩 늘어나는 추세다. 중심가 거주를 위해 히로시마시가 그간 해왔던 일들이 드디어 결실을 보기 시작했다고 말할 수 있다.

다만 도심 거주 인구가 늘어난다고 해도 도시가 콤팩트해지는 것은 아니다. 히로시마시에서도 교외 주택 개발이 진행돼 도시가 계속 확대되고 있다. 히로시마시의 사례는 모여 살려는 사람의 흐름을 만들어내는 일은 하루아침에 가능하지 않으며, 오랜 기간에 걸친 작업이 필요하다는 것을 보여준다. 나아가 장기간의 노력으로도 도시 전체를 콤팩트하게 만들기는 어렵다는 사실을 반증한다.

이상을 추구하기보다
성과를 내라

콤팩트시티 조성에는 구호만 요란한 사업이 많은 것 같지만, 그럼에도 불구하고 그 작업은 여전히 중요하다. 우선 인구감소가 진행되는 상황에서 도시 지역을 적절하게 통제해 인구밀도가 떨어지지 않도록 유의하는 게 필요하다. 도시가 지닌 다양한 기능을 집약해 시민의 접근성을 높인다면 도시의 지속성을 유지하기도 한결 수월해진다.

　도시 전체를 작게 하는 것은 결코 쉽지 않다. 다만 콤팩트시티라는 개념을 내세워 시민들이 도시 기능에 손쉽게 접근할 수 있도록 돕는 것(접근성)은 매우 중요하다. 흩어져 사는 사람들을 위해 다수의 도시 시설(행정 기능이나 상업시설 등)을 분산시켜 설치하는 것은 한마디로 낭비다. 높은 행정비용 대비 효과가 크지 않다는 면에서 비효율적이라는 점은 말할 필요도 없다. 게다가 시설을 나누어 분산한다고 해도 자가용이동을 전제로 시설을 배치해서는 결국 고령화가 진행될수록 접근이 어려운 사람이 늘어나게 된다.

앞서 예로 든 도야마시에서도 사람의 거주 지역이 분명히 콤팩트해졌다고 말하기는 어려운 상황이지만 콤팩트시티가 추구하는 도시 기능 덕에 접근성은 계속 높아지고 있다. 진즈우천 유역의 새로운 주택지는 교통 불편 지대라는 말이 돌았지만 행정이 그 불편을 해소하기 위해 나섰다. 도야마시가 콤팩티시티의 성공 사례로 언급되는 이유이기도 하다.

급속한 인구감소가 확실시되는 지방 도시들 역시 도시 전체를 콤팩트하게 하는 건 바람직하다. 하지만 거기에만 집착해서는 성과가 나오기 어려울 것이다. 그보다는 도시가 더 이상 커지지 않도록 하는 게 먼저다. 농지 전용이 계속되고 주택지는 새롭게 공급되고 있다. 일반적으로 새로운 주택지는 도시 주변부에서 만들어진다. 이런 상황은 도시 지역의 확대, 나아가 인구 밀도 저하로 직결된다. 그리고 뒤에 말하겠지만 교외에 인구 규모가 작은 마을이나 주택이 자꾸 새로 들어서는 바람에 도시나 사람의 거주 지역 확대를 부추기는 상황이다. 도시 지역 통제는 행정의 중요한 역할 중 하나임에 틀림이 없다.

도야마 시가지를 운행하는 포트램

인구감소와 고령화에 맞서 콤팩트시티를 지향하는 도야마시는 그 최우선 과제로
교통 시스템을 다시 짰다. 중심 시가지와 주택지를 잇는 두 칸짜리 트램을 운행해
시민의 접근성을 높이면서 쇠퇴 위기에 처했던 도심에 활력을 불어넣고 있다.

한 가지 더 명심해야 할 점은 도야마시처럼 도시 기능을 중심 시가지로 모으는 동시에 공공교통망을 촘촘하게 갖춰 시민들이 도심에 접근하기 쉽도록 유도하는 정책이다. 철도망을 충실하게 갖추는 게 좋다는 사실은 자명하다. 다만 지방 도시에서 노면 전차를 포함해 새로운 궤도형 인프라를 구축하기란 쉽지 않다. BRT* 등으로 거점 간 고속버스 이동을 활성화하는 동시에 공동체 안에서 이동할 경우 특히 고령자를 대상으로 한 자율주행차의 카풀 시스템 도입 등을 추진하는 것이 바람직하다.

인구감소 상황에서 가장 이상적인 방법은 도심을 콤팩트하게 유지하는 것이지만 그것을 달성하기는 쉽지 않다. 그렇더라도 도시 지역 확대를 억제하고 중심 시가지 접근성 향상을 목표로 공공교통, 특히 버스 이용의 편리성을 높이는 것은 현 단계에서 가장 필요한 정책이다.

---

* BRT는 Bus Rapid Transit의 약자로 버스운송시스템을 말한다. 버스 전용차선을 설치하고 교차점에서 버스 우선 시스템을 도입하는 등 버스의 정시성, 고속성을 확보하는 체제이다.

한계마을은 쉽게
사라지지 않는다

도시 지역으로 젊은 세대가 옮겨가는 바람에 고령자 비율이 높아진 중산간지역의 마을 자체가 사라질 운명에 처했다고 걱정하는 사람들이 의외로 많다. 그러나 현실은 많이 다르다. 실제로 소멸하는 마을이 더러 나올지 모르지만 그 숫자는 결코 많지 않을 것이다. 대를 이어 지속적으로 농업 경영을 해가는 지역도 많고, 원래 마을이란 게 그 속성상 하루아침에 사라져 없어지지 않는다.

총무성과 국토교통성이 손잡고 인구가 희박한 마을에 대해 흥미로운 조사를 실시했다(총무성 '과소지역 마을 상황에 관한 현황파악 조사', 2011년 3월). 전국 40퍼센트 안팎에 이르는 지자체를 대상으로 과소 마을의 기능 유지와 소멸 실태를 부정기로 조사한 것이다. 조사항목 중 하나로 '10년 이내에 소멸한다'고 인정된 마을의 '그 후'도 파악했다. 2006년 조사에서 '10년 이내에 소멸한다'고 예상한 마을은 423곳(조사 지역 전체 마을의 0.7퍼센트)이고, 그들 중 4년 후 재조사에서 정말 소멸한 마을은 35곳이었다. '10년 이내에 소멸한다'고 예상한 마을의 8.3퍼센트에 불과한 수치다.

이 조사는 1999년과 2006년에도 있었다. 1999년 조사에서 10년 이내에 소멸할 것으로 예상된 마을 중 7년이 지난 2006년에 소멸한 마을은 14.6퍼센트였다. 이를 통해 관련 자료는 '예상했던 것보다 소멸하지 않았다'고 결론지었다. 다만 '10년 이내에 소멸한다'고 예상된 지역이 아님에도 여러 이유로 소멸한 마을도 있다. 결과적으로 2006년 이후 4년 간 소멸한 마을은 모두 93곳인 것으로 나타났다. 전체 조사 대상 지역의 0.1퍼센트에 불과하다. 많은 마을이 소멸 위기에 처했다고 걱정하지만. 실제 소멸한 마을은 극히 적은 것이다.

물론 이렇게 소멸 위기가 높은 것으로 예상되는 마을 대부분은 고령화율이 50퍼센트를 넘는 한계마을이다. 게다가 행정기관과 멀리 떨어진 중산간지역에 위치한다는 특성을 지닌다. 향후 서서히 소멸해갈 가능성을 부정할 수 없는 것이다. 하지만 현실에서는 적은 규모일지라도 유턴이나 아이턴 하는 사람이 꾸준히 생기는 덕에 예상과 달리 쉽사리 소멸하지 않는다.

　단순하게 조사 시점의 인구 동태 및 고령화 문제만 가지고 조만간 소멸할 것이라고 예단해서는 마을의 지속성을 간과해버릴 가능성이 높다. 이런 자료들을 살펴보며 새삼 확인하게 되는 사실이 있다. 도시 주민이 생각하는 것 이상으로 중산간지역의 삶은 지속성이 높고 마을도 의외로 '강인하다'는 점이다.

자꾸만 새로 생겨나는 마을

여러 조사 결과 2006년 이후 2011년까지 4년 사이에 소멸한 마을이 93곳으로 집계되었다는 사실은 앞서 이야기했다. 반면 흥미롭게도 같은 기간 새로 생겨난 마을은 소멸한 마을의 10배에 해당하는 928곳이었다. 우리는 한계마을이나 소멸 가능 지역에만 눈을 돌리지만, 실은 그 이면에서 사람들의 생활 장소가 급속하게 확대되고 있다.

야마나시현을 예로 들어보자. 인구센서스의 메시 통계(1킬로미터)를 토대로 2000년부터 2010년까지 10년 간 사람이 살지 않게 된 지역과 새롭게 사는 지역을 구분해서 색으로 표시했다(그림 6-2). 고후 분지를 중심으로 분석한 것이어서 난부정 이남 오쓰키시 도미하마정 동쪽은 대상에서 제외했다. 사방 1킬로미터 격자망에 10년 전에는 사람이 살았지만 현재는 아무도 거주하지 않는, 이른바 소멸 지역을 흰 색으로 표

그림 6-2 야마나시현의 새 거주 지역과 인구감소 지역(1킬로미터 격자 2000~2010년)

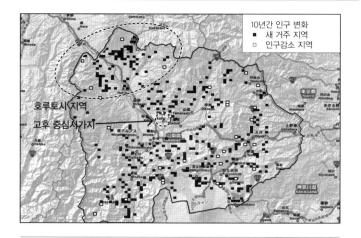

자료: 총무성 '지역 메시 통계'를 토대로 일본종합연구소 제작
*새 거주 지역과 인구 소멸 지역만 표시.

시했다. 표시 범위에서 소멸 지역은 31곳이다. 한편 10년 전에는 사람이 거주하지 않았지만 지금은 사람이 살고 있는 새거주 지역을 검정색으로 표시했는데, 총 351곳이다. 검정 격자인 신규 거주 지역은 현청 소재지인 고후시 중심가 주변에 집중되어 있지만, 중산간지역 그것도 꽤 깊은 산 속에까지 분포하는 것이 확인된다. 소멸 지역에 인접해 새 거주 지역이 만들어진 경우도 있다.

이런 거주 지역 변화를 어떻게 봐야 할까. 마을이 소멸해 버리는 것은 우려할 만한 사태이다. 마을이 소멸하면 지역 고유의 전통적인 생활이나 생업, 역사와 풍습 등 우리의 정체성과도 무관하지 않을 귀중한 역사 유산까지 사라져버릴 우려가 있다. 우리 세대는 이런 유산을 하나씩 축적해 다음 세대에 물려줄 책임이 있다. 시대의 흐름만 탓하며 소멸 마을에 손 놓고 있어서는 안 된다.

한편 인구감소에도 불구하고 사람의 거주 지역이 지속적으로 확산되고 있다는 사실에도 관심을 가져야 한다. 소멸 위험 지역에만 시선이 쏠려서는 국토 전체를 조망하기 어려워진다. 사라질 우려가 있는 마을 바로 옆에 새로운 주택지가 개발되는 상황에 조금 더 관심을 쏟아야 한다.

이 책에서는 이처럼 교외의 인구 희소 지역에 점점이 생겨난 새로운 거주지를 '신벽지新僻地마을'이라고 부르겠다. 도시 정책 차원에서 보자면 도시 콤팩트화와 함께 중산간지역의 신벽지마을 부상에도 면밀하게 관심을 쏟을 필요가 있다.

야마나시현의 경우를 조금 더 살펴보자. 서북부의 호쿠토 시에 신벽지마을이 몰리면서 전체적으로 확산되는 상황이라는 것을 한눈에 알 수 있다. 이 지역 야쓰가타케 남쪽 기슭,

가이코마가타케의 경사지는 풍경이 멋져서 넓은 산림 사이에 농지와 별장지가 펼쳐져 있다. 은퇴 후 이주한 사람 혹은 젊은 귀농자들이 인구감소가 계속되는 옛 마을이 아니라 농지나 산림을 개발해 새로 건설한 주택에 살며 마을을 이룬 결과다.

호쿠토시만 본다면 기존 마을 인구는 오래 전부터 계속 줄어드는 데 반해 신벽지마을의 인구 비중은 크게 높아졌다. 2000년 이후 10년 간 호쿠토시 전체 인구는 920명이 감소해 약 4만 8,000명이다. 그 사이 호쿠토시 시민 11명 중 하나에 해당하는 4,475명이 주로 교외나 현 바깥 지역에서 신벽지마을로 들어왔다. 전체 인구와 비교해도 무시못할 규모이다. 이는 급속한 거주 지역 확대를 시사한다.

많은 경우 신벽지마을은 공공교통망 확충 대상에 포함되지 않는다. 또 공동체가 형성되지 않아 상호부조 기능도 떨어지는 바람에 주민의 나이가 많아지면 생활 유지가 곤란할 수도 있다. 게다가 지금까지 별장지 이용 상황을 살펴보면 주민 교체가 생기기 어렵다는 것을 쉽게 알 수 있다. 초기 거주자 한 세대만 유지될 가능성이 높은 지역인 것이다.

이런 신벽지마을은 실질적으로 소멸 마을 예비군 난립으

로 볼 수도 있다. 지자체로서는 인구 유입 자체야 반길 만하지만 도시 지역 통제라는 관점에서 보자면 방치한 상태로 기뻐할 수만도 없는 실정이다. 중산간지역을 안고 있는 지방에서 마을 소멸 억제나 인구 유지를 꾀하기 위해 도시 사람들의 이주를 유도하는 데 적극적이지만, 정작 거주 지역에 제약을 두지 않은 채 끌어들이기만 해서는 앞으로 더 큰 문제를 양산할 우려가 있다. 소멸 가능성이 있는 마을과 마찬가지로 신벽지마을 형성에도 관심을 두어야 하는 이유가 여기에 있다.

새로운 마을이 생기는
현실적 이유

사람은 일정한 규모로 모여 서로 관계를 쌓아가며 살아가는 게 일반적이다. 그래서 공동체 사회의 다양한 이점을 누릴 수 있는 도시나 마을을 자연스럽게 형성해 살아간다. 예를 들어 사람이 모여드는 도시에는 상업이 발전하고, 가구가 많은 중산간지역에서는 용수로 유지나 억새지붕 교체 일손을 손쉽게 확보할 수 있다. 인구감소가 예상되는 향후 일본에서는 콤팩트시티라는 발상이 도시 만들기의 기본 방향이라고 해도 좋을 것이다.

그럼에도 불구하고 왜 신벽지마을이 생겨나는 것일까. 이런 현상은 기술 발전이나 인프라 정비만으로 사람을 도시나 마을에 묶어두지 못한다는 사실을 반증한다. 깊은 산 속에도 통신망이 설치돼 전국 어디에 있더라도 고속인터넷에 접근할 수 있는 세상이다. 게다가 물류망이 구석구석까지 닿고,

물류 분야 기술 혁신도 진전돼 단시간에 택배나 장보기 지원 서비스를 받을 수 있게 되었다. 즉 도로, 물류, 인터넷 등 세 가지 네트워크가 빈틈없이 갖춰져 전국 모든 지역이 생활 장소가 될 수 있는 시대다. 덧붙여 창업가에게는 인프라 정비만이 아니라 클라우드 펀딩 같은 조직이 갖춰지기 시작해 꼭 대도시가 아니라도 창업이나 사업 운영을 위한 자금 조달이 가능하게 되었다.

아직 다수라고는 할 수 없지만 이러한 네트워크를 효과적으로 활용할 수 있는 사람들이 새로운 벽지에 주택을 짓고 교외에 옮겨와 살기 시작했다고 볼 수 있다. 신벽지마을 형성은 좋고 나쁨의 문제가 아니라 정보 환경과 생활 방식의 변화에 따른 당연한 결과인 셈이다. 그러나 운전을 할 수 없고 인터넷 활용마저 어려운 고령자 다수는 반드시 기술 혁신이나 새로운 정보 환경의 혜택을 본다고 말할 수 없다. 소멸 위험이 높은 마을의 주민은 이런 층이 중심이다.

옛날부터 있던 마을이 없어지고 새로운 마을이 만들어지는 움직임 속에서 향후 지역사회 운영은 어떻게 전개해야 할까. 무엇보다 신벽지마을에 이주하려는 사람들을 이미 형성되어 있는 마을로 불러들이는 작업이 선행되어야 한다. 도시

속속 개발되는 자율주행 자동차들

진정한 IT 혁신이란, 인터넷을 사용하지 않는 노인들까지 실생활에서 알게 모르게
그 혜택을 누리는 것인지 모른다. 자율주행 자동차는 고령자들에게 가장 효과적으로
도움을 줄 수 있는 품목 중 하나이다.

계획 등을 통해 신벽지마을 형성을 억제하는 동시에 옛 마을
내부로 끌어들이는 것이 바람직하다. 마을 내에 흩어져 있는
빈집을 효과적으로 재활용할 필요도 있다.

　또 기존 마을에 혁신 기술 및 인터넷 서비스 등을 적극 제
공해 인구밀도가 지속적으로 낮아져도 편리하고 쾌적한 상
태를 유지할 수 있는 시스템을 구축해나가야 한다. 새로운
서비스를 제공하는 주체가 꼭 행정일 필요도 없다. 지자체가

모든 서비스를 제공하는 대신 민간의 역량을 잘 이용하는 것도 중요하다. 혁신 기술은 간단히 말하면 인터넷을 이용하지 않는 고령자라도 휴먼 인터페이스를 개선해 알게 모르게 그 혜택을 받을 수 있도록 하는 것이다. 자율주행 기술을 이용한 고령자 이동, 로봇을 통한 생활 지원이 여기에 해당한다.

도로와 교통 문제는
지자체에 이관할 것

먼저 지방정부 예산을 지역의 지속 가능성 향상에 이바지하는 형태로 사용하는 방법을 살펴보겠다. 중산간지역에 큰 영향을 미치는 예산 재편 방식 중 하나로 도로와 교통 예산 단일화를 들 수 있다. 이미 일본의 도로 활용도(자동차 주행거리)는 화물 수요 감소 추세가 이어지면서 여객 부문(자가용을 포함)을 더해도 2003년 이후 정점을 지난 상태다. 앞으로 인구가 감소하면서 수요는 더 줄어들 것으로 예상된다. 이 때문에 도로 신설보다 노선버스나 노면전차 재편 등에 예산을 투입해야 한다고 생각하는 지자체가 점점 늘어날 전망이다.

따라서 앞으로는 노선버스의 유지·재편이라는 좁은 범위에서만 교통정책을 세우면 안 된다. 이동의 편리성(모빌리티)을 확보하기 위한 정책으로 지역 내 철도나 도로까지 포함해 포괄적으로 구상한 뒤 예산을 배분해야 한다. 현재 모빌리티

인적이 끊긴 시골 길

인구가 줄면서 지방의 대다수 버스 노선들은 적자 운영을 면치 못하고 있다.
향후 수많은 교통 약자들을 양산하지 않기 위해서라도 도로 및 교통정책을 지방정부에
이관해 그들 각각의 상황에 맞게 재편하도록 해야 한다.

에 관한 정책은 국토교통성 자동차국, 철도국, 도로국으로 나뉘어 업무가 진행되며 예산도 명확하게 구분된다.

좀 오래된 것이긴 하지만, 국토교통성 자료를 보면 전국에는 3만 8,000개의 버스 노선이 있다(2008년도). 그 중 74퍼센트에 해당하는 2만 8,000개가 적자 운영을 면치 못하는 상태다. 2만 8,000개 적자 노선의 61퍼센트에 해당하는 1만 7,000개가 공적 보조를 받지 않고 운영 중이기 때문에 이 노선들은 향후 폐지·감편될 위기에 처한 셈이다.

그런데 2만 8,000개에 이르는 노선은 도대체 어느 정도의 적자를 내는 것일까. 적자 노선의 전체 적자액은 2,700억 엔으로, 노선당 환산하면 약 1,000만 엔이다. 지역이나 회사에 따라 다르겠지만 대체로 운전사의 인건비를 넘어선 정도로 보인다. 전국의 사업자와 지자체가 운전사의 인건비에 해당하는 전체 2,700억 엔을 만들어내지 못한 채 버스 노선 유지에 급급한 실정이다.

한편 일본 전체 연간 도로 신설 예산은 약 4조 엔(2012년도)에 이른다. 이 도로 신설 예산 중 일부만이라도 버스 노선 유지·확충으로 전환한다면 어떨까? 최근 들어 빅데이터 분석 등 ICT를 이용해 버스 사업자의 수익성을 향상시키려는 작업들이 진행되고 있다. 사업자들의 이 같은 작업을 지원하기 위해서라도 도로·철도·버스와 관련한 정부 쪽의 칸막이를 제거하는 것이 필요하다. 모빌리티 예산을 일괄적으로 현이나 기초 지자체에 배분해 지자체 책임 하에 도로 신설·유지보수 및 공공교통 재편에 투입하도록 하는 게 훨씬 효율적일 것이라 생각된다.

교통정책을 단일화하면 기존 도로 설비를 효과적으로 활용하는 방안도 꾀할 수 있다. 예를 들어 최근 지방에서 젊은 세대를 중심으로 자동차를 이용하지 않는 풍조가 생겨나고 있다. 따라서 향후 버스나 자전거 이용률이 점점 높아질 전망이다. 당연히 BRT 레인이나 자전거 전용도로 정비를 확충하라는 목소리도 높아질 것이다. 이렇게 도로의 쓰임새를 고쳐간다는 관점에서도 교통정책 단일화가 바람직하다.

사실 이런 정책을 따로 분류해서 다룰 필요가 있을까. 버스도 도로도 근본을 따지면 소관은 국토교통성이다. 따라서 양쪽 예산을 단일화해 지방자치단체에 배분하는 것은 그다지 어려운 일이 아니다. 드러내놓고 말하지는 않지만 교통정책은 국토교통성 가운데서도 옛 운수성 자동차국과 철도국이 소관이고, 도로 정책은 옛 건설성 도로국 소관이어서 양측의 칸막이는 외부에서 느끼는 것 이상으로 높은 듯하다. 아직까지 지방에 설치되는 국토교통성 지국도 교통 쪽을 맡는 운수국과 도로 정비 등을 담당하는 지방정비국으로 나뉘어진 실정이다.

행정 조직이 어떤 형태로 나뉘든, 국민의 모빌리티 확보를 목적으로 하는 예산은 단일화해서 지방자치단체가 구체적인 계획 및 집행을 책임지게 해야 한다. 이렇게 할 경우 만일 특정 지역의 버스 운행이 불가능해지는 상황이 발생하더라도, 중앙정부는 그 모든 문제가 해당 지방정부 책임이라고 딱 잘라 말할 수 있다.

왜 자꾸 공공시설을
크게만 지을까?

고령자가 많아 기술 혁신이나 인프라 정비의 혜택을 받지 못하는 마을에서는 인구감소에 따른 여파로 삶의 질이 떨어질 우려가 있다. 이런 상황을 미연에 막고 생활을 지속 가능한 상태로 끌어올리기 위해 다양한 서비스 제공 방법을 연구해야만 한다.

지금까지 설명한 대로 인구감소에 대비하기 위해서는 콤팩트시티가 필요하지만, 현실적으로는 도시 지역 확대와 신벽지마을 형성 등 반대 움직임이 일어나면서 거주 지역이 계속 넓어지는 추세다. 그 때문에 인구밀도가 낮아지는 지역에서는 도야마시처럼 다양한 도시 기능이나 공공서비스에 주민이 쉽게 접근할 수 있도록 새 판을 짜야 한다.

일본 정부는 '콤팩트+네트워크'라는 새로운 도시 디자인 콘셉트를 내놓았다. 이것은 거주를 원칙으로 하는 지금까지의 콤팩트시티에 더해 생활에 필요불가결한 서비스를 '작은 거점'에 집약한 뒤 공공교통을 충실하게 갖추는 방식이다. 이로써 주택이나 마을이 흩어져 있더라도 지역생활이 편리하도록 개편하는 것이다.

국토교통성이 2014년에 만든 '국토 그랜드 디자인 2050'에 따르면 이런 거점은 지역 주민의 일상생활 유지를 목적으로 한 '수비형 울타리'만이 아니라, 가령 도로 휴게소 등과 협력해 새로운 일자리를 만들어내는 '공격형 울타리'도 기대할 수 있다.

그러면 이 '작은 거점'은 어떤 방식으로 운용하는 게 좋을까. 지금까지 콤팩트시티가 실패했던 이유 중 하나로 꼽히는 게 공공시설 건설 위주의 행정이었다.

기능을 집약하는 상징으로 다기능 복합시설을 중심 시가지에 건설하는 사례를 전국 어디서나 발견할 수 있다. 이것들은 과거 공공시설 건설 행정의 틀을 벗어나지 않는 구태의연한 방식이다. 이런 건물을 짓고 유지하는 데 막대한 지자체 재정을 쏟아붓는 지역도 적지 않다. 지역에 비어 있는 시설이 남아도는데도 불구하고 정부에서 자금을 지원한다고 하니 무턱대고 대형 건물을 지어버렸기 때문이다.

이러한 실패를 돌이켜볼 때 '작은 거점'은 주민에게 정말 필요한 시설로 운영되어야 한다. 일차적으로 공공교통이 모이는 곳에 있어야 하고, 의료·간병의 거점이자 일상생활에 필요불가결한 물건을 조달할 수 있는 상업시설이 곁에 있다면 더욱 좋다. 물론 공적인 서비스를 제공할 관청 기능도 필요하다.

주민의 동선을
적극 활용하라

작은 거점을 설치할 때는 제일 먼저 사람의 흐름(동선)을 고려해야 한다. 일방적으로 새로운 거점 시설을 만든 뒤 지역 주민에게 이전까지와는 다른 동선을 그리라고 요구하는 경우가 있다. 그러나 지역 사람들에게는 오랜 세월을 거쳐 만들어낸 그들만의 동선이 있는 법이다. 그래서 지역 주민들의 동선과는 동떨어진 지역에 새로운 거점을 만들면 사람의 흐름을 만들어내는 데 어려움을 겪을 수도 있다. 현재 지방에는 폐교된 학교 시설이나 옛 관공서, 이용 빈도가 낮은 복지 시설 등이 많다. 이런 시설은 본래 지역 중심에 위치해, 시설이 운영될 당시에는 일정한 사람의 흐름을 만들어냈다. 이런 곳들이야말로 작은 거점의 유력한 후보지이다.

국토교통성이 작은 거점의 모범 사례(국토교통성 국토정책연구회 '국토 그랜드 디자인 2050이 그리는 일본의 미래')로 드는 곳이 예전부터 사람이 많이 모이던 곳을 재활용한 고치현 시만토시의 주식회사 오미야산업이다. 마을에서 유일한 주유소와 귀중한 상점을 맡아 운영하는 오미야산업은 지역의 지속성을 높이는 중심 존재로서 주민 동선 한가운데에 자리잡고 있다.

지방 도시에서는 교외에 대형 쇼핑센터가 들어서면서 사람의 흐름이 크게 바뀌었다. 이미 이런 민간시설이 사람과 물자 흐름의 중심이 되어간다고 말해도 좋은 상황이다. 이 쇼핑센터의 일부 점포가 지역의 공적인 역할을 맡는 사례도 나오기 시작했다. 아직은 제한된 숫자에 지나지 않지만 시청 출장소, 보육원, 데이 서비스, 버스터미널, 파크&라이드 주차장과 버스정류소, 관광안내소, 도서관, 이벤트 공간, 주민회관, 공동체 홀, 운동장, 지역특산품 판매소, 쓰나미 피난소 설치 및 장애인 일터에서 만든 상품 판매 등 다양한 행정 서비스 제공하는 것이다(주식회사 이온 등의 자료 참고). 지역에 따라서는 쇼핑센터가 작은 거점이 될 가능성이 충분하다. 같은 이유로 편의점 등 상업시설이나 학교, 병원도 그런 역할을 해낼 잠재력이 높다고 볼 수 있다.

왜 작은 거점을 설치할 때 지역 주민의 동선을 고려해야 할까. 한 지자체의 파크&라이드 사례를 들어보겠다. 어느 지자체에서 통근시간대 교통 정체 완화를 위해 교외 공유지를 주차장과 버스 출발 지점으로 정해 파크&라이드 실험을 여러 차례 실시했다. 그러나 이용자는 늘지 않고 교통 정체 완화 효과도 나타나지 않았다. 그러던 중 주차장과 버스정류소 위치를 바꾸자 놀라운 일이 벌어졌다. 주변에 아무것도 없었던 공유지에서 대형 쇼핑센터 주차장으로 정류장을 옮기는 순간 이용자가 눈에 띄게 늘어난 것이다. 그러니까 사람의 동선을 무시한 채 엉뚱한 위치에 주차장이나 버스정류소를 설치해서는 이용자를 끌어들이지도 못하거니와 기대했던 효과도 거둘 수 없는 법이다. 반면 장보기와 문화생활 등 다양한 서비스 제공의 거점이 되는 쇼핑센터는 오가는 중 누구라도 한 번쯤 들르고 싶은 공간이기 때문에 파크&라이드 이용자가 증가했다.

군이 새로운 인프라 투자를 하지 않더라도 기존 시설을 활용하거나 민간기업과 협력해 공공서비스를 제공할 수도 있다. 이미 있는 사람과 물자의 흐름을 꿰뚫는 '오퍼레이션 형태의 도시 정책'을 통해 거점을 재정비하고 주민 생활을 지키는 울타리로 만들어가는 작업이 필요하다.

오퍼레이션 형태의 도시 정책이라는 말은, 이미 있는 인프라와 민간 기술을 잘 활용하고 운용해서 도시와 지역 생활의 지속성을 높이는 정책을 일컫는다. 새로운 인프라 투자를 통해 문제를 해결하려는 과거의 행태와 대비해 사용하는 개념이다. 가령 기존 간선도로가 정체된다고 새로운 도로를 만드는 것이 아니라 이미 있는 도로를 개량하고 BRT나 노면전차, 자동차 등으로 분산해 정체를 해소하는 도시 정책이다. 인구는 줄고 재원은 한정된 상황에서 반드시 필요한 발상이다.

무인화·자동화 기술은
과소 지역에서야말로 쓸모 있다

ICT 등 기술 혁신의 혜택을 평상시 인터넷 등을 쓰지 않는 고령자층도 누리도록 유도하면 중산간지역 생활은 크게 바뀔 수 있다. 인구밀도가 낮아지면서 서비스 공급의 비효율성이 커지고 이를 떠맡을 사람마저 부족한 지방에서는 최신 기술 도입으로 일손을 줄이는 작업이 대도시 못지않게 절실하다.

　이제부터 소개하는 이야기는 영화에서나 보는 약간 SF적인 이야기로 들릴지도 모르겠다. 인구가 적은 마을의 고령자 독신 세대가 최신 기술을 어떻게 활용할 수 있을지 생각해보자. 평상시 이야기 상대가 되어주는 인간형 로봇이 거주자의 건강(체온, 맥박, 식욕, 행동 패턴)을 관리해 필요에 따라 가족이나 의료기관·간병 시설에 연락하는 '지킴이' 역할을 한다. 물론 투약 관리도 해서 정해진 시간에 필요한 약을 돌봄받는 사람에게 건네 잊지 않고 먹도록 돕는다. 외출할 때는 가

인공지능 로봇 페퍼

AI 혁명은 놀라운 속도로 진행되고 있다. 어쩌면 이런 기술은
도시의 젊은 세대보다 고령자들의 삶을 개선하는 데 훨씬
더 극적인 도움을 줄 수 있지 않을까. 기업과 행정이 팔을
걷어붙인다면 실현 불가능한 일도 아니다.

장 효과적인 이동로를 선택해주고 필요하다면 병원이나 간
병 시설에 예약한다. 동시에 이동 수단을 확보하기 위해 자
율주행차를 부르거나 카풀을 할 만한 차를 찾는다. 슈퍼마켓
에 저녁식사 재료와 반찬을 주문하고 상황에 따라 가사 일부
도 해낸다. 가계부 관리는 이 로봇의 특기이다.

중요한 것은 이런 일련의 서비스가 키보드 등으로 입력할
필요 없이 음성이나 화면 인식, 센서를 통해 가능하다는 것

이다. 휴먼 인터페이스를 개선해 고령자가 불편을 느끼지 않고 쉽게 최신 기술에 접근할 수 있기 때문에 과소 마을의 생활은 극적으로 개선될 것이다.

이런 기술 혁신은 결코 꿈같은 이야기가 아니다. 관건은 휴먼 인터페이스의 개선과 서비스를 제공하는 민간 사업자의 참여다. 특구를 정해 시험 삼아 몇몇 지역에 먼저 적용해보는 것도 나쁘지 않을 듯하다. 그 경우 다양한 서비스 제공과 관련된 관계자가 협력해 플랫폼을 구축하는 것이 필요하다. 행정은 물론 의료·간병 관계자, 교통사업자, 물류사업자, 소매사업자 외에도 ICT 관련 사업자, 리스 사업자 등 다양한 분야 간 협력이 필요할 것이다.

이런 체제를 민간 사업자가 상업적으로 꾸려갈 수 있을까? 행정이 흑자 추구라는 개념을 갖고 규제 철폐 등을 진행하면 민간 기업이 뛰어들지 않을 이유가 없잖은가. 이런 환경만 제공된다면 인구감소가 진행되는 중산간지역에서도 사람이 안심하며 살아갈 수 있다.

'무언가 부족'해
소멸하는 마을이 되지 않도록

경제 기반이 구축되고 인터넷 환경이나 도로, 물류 등 교외에서 생활을 지탱하는 인프라가 갖춰진 지역은 급속히 늘고 있다. 그래도 여전히 많은 중산간지역은 점점 더 어려운 지경으로 몰리는 실정이다. 2장에서 말한 것처럼 지역에 초등학교가 없으면 젊은 세대가 그곳을 이주지로 선택할 가능성은 희박해진다.

따라서 중요한 무언가가 부족해 소멸하는 지역이 되지 않도록 각별히 신경을 써야 한다. 이런 맥락에서 취학 어린이가 일시적으로 없는 경우, 학교를 폐교가 아닌 휴교 상태로 두는 게 효과적이라는 사실을 이미 설명했다. 또 애초부터 학교의 교육 방식을 더 유연하게 적용하는 것도 하나의 대안이다. 인터넷을 적극 활용하거나 홈스쿨링(학교에 다니지 않고 가정을 거점으로 교육하는 것. 미국에서는 의무교육 과정의 일부로 인정하고 있지만 일본은 인정하지 않는다)도 앞으로는 진지하게 논의해야 할지 모른다. 눈에 보이는 학교 시설이 없더라도 인터넷을 통해 교육받고 가상의 교실 내에 교사나 급우가 있어 끊임없이 접촉 가능한 환경을 구축할 수 있다면 중산간 지역에서 생활의 폭은 한층 더 넓어질 것이다.

중요한 것은 자기 마을을 젊은 세대가 살 만한 장소로 선택도록 만드는 일이다. 가령 산촌 유학으로 사람들을 끌어들여 학교를 유지해가는 방법도 있다. 하지만 이 방식으로 모든 지방에서 어린이를 확보할 수 있는 것은 아닐 테고, 비용도 많이 든다. 그러므로 지금 당장은 어린이가 없어 학교를 운영할 수 없을지라도 언제든 학교를 다시 열 수 있도록 휴교 상태로 유지하거나 인터넷 활용 등을 통해 이주자가 정착할 가능성을 넓혀나가는 것이 가장 현실적인 방법이다.

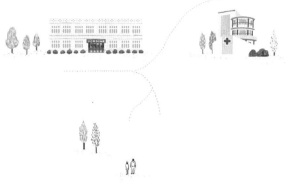

7 장

'생존'을 넘어서

소멸하는 것은 '지자체'라는 틀뿐

'지방 소멸'이란 단어는 매우 무자비한 말이다. 선정적인 말에 선동 당한 지자체가 재빠르게 나서 경쟁하듯 소멸을 막는 이주자 대책을 내놓는 것은 지극히 당연하다. 전국 여러 지방에서 지속적인 생활이 가능해진다면, 이는 국가적으로도 매우 행복한 해결책일 것이다. 그러나 부가가치 높은 일을 지방, 특히 중산간지역에서 만들어내기에는 현실적으로 한계가 따른다. 대도시로 흘러드는 자연스런 인구이동을 역전시켜 도쿄권과 지방 간 인구이동에 균형을 맞춘다는 것 역시 어렵기는 마찬가지다.

인구가 감소하는 일본에서는 인구 뺏기 경쟁 자체가 의미 없음에도 인구 유치전은 과열이 불가피한 상황이고 보조금 등에 의존한 인구 유인책은 각지에서 나타날 게 뻔하다. 냉정하게 생각할 때 인구가 감소하면 소멸하는 것은 지자체라

는 틀일 뿐, 지역 자체가 아니다. 이미 여러 사람들이 그런 지적을 하고 있다.[*]

인구감소로 인해 지자체 재정을 홀로 운영하기 어려워진 기초 지자체는 합병으로 나아간다. 그러나 지자체 합병이 곧바로 주민에게 불이익이라고 속단할 수는 없다. 중산간지역에서는 합병으로 충분한 주민 서비스를 받지 못할까 우려하지만 과거 대합병 경험을 거치면서 그런 불공평감을 객관적으로 평가하는 방법을 배웠다.

그렇다면 지방 소멸 대책은 도대체 누구를 위한 것일까. 지자체라는 기존 틀을 유지하기 위해 일정 규모의 거주민이 필요하다는 생각은 인구가 감소하는 일본에서는 사상누각을 추구하는 것이나 마찬가지로 느껴짐에도 말이다. 지방 소멸이라는 말을 글자 그대로 받아들여 지방의 도시나 마을에서 사람이 없어져 버린다고 생각하는 사람도 있을지 모른다. 하지만 보조금 등에 의존한 인구 끌어들이기 경쟁을 한다고 해서 지방이 직면하게 될 다양한 문제를 해결할 수 있는 것은 아니다. 중요한 것은 대도시, 중산간지역을 불문하고 젊은 세대가

---

[*] 예를 들어 기노시타 히토시, 〈소멸 가능성 도시라는 거짓말. 없어지는 것은 지방이 아니라 '지방자치단체'이다〉 http://blogos.com/article/93983/.

더 부가가치 높은 일에 종사하는 사회를 구축하는 것, 인구가 줄어도 안심하고 행복하게 살아갈 수 있는 지역을 만드는 일이다.

극단적으로 말하면 주민이 한 사람이라도 있는 한, 그 지역은 소멸했다고 말할 수 없다. 앞으로 기술이 발전하고 인프라가 정비되면 교외 생활은 더 편리하고 지속 가능하게 될 것이다. 전국 구석구석까지 깔린 인터넷 덕분에 교외에서 일하려고 하는 사람도 점점 늘어날 것이다. 위성사무실 같은 형태의 작업 방식도 보급될 것이다. 그리고 무엇보다 풍부한 농지가 있는 한 농업을 생업으로 하는 사람은 반드시 그곳에 터 잡고 살아간다.

인구감소는 피할 수 없는 것이어서 합병을 선택하는 지자체가 나올 수 있지만, 그것이 곧 지방이나 마을의 소멸을 뜻하지는 않는다. 지역의 미래를 너무 비관적으로만 보고 정책을 만들고 추진해서는 안 되는 이유가 여기에 있다.

'생존' 같은 작은 것에
연연하지 않기를

자신이 살고 있는 지역이 얼마 가지 않아 소멸한다며 이름까지 거론되는 상황이라면 누구라도 부정적인 생각에 사로잡히기 쉽다. 어떻게든 살아남으려는 몸부림은 당연한 반응일지 모른다. 모두 그런 방식으로 민첩하게 생존을 꾀한다면 승자는 극히 소수이고 패자는 다수인, 별 승산 없는 인구 뺏기 경쟁에 뛰어드는 꼴이 된다.

닥쳐온 인구감소를 피할 수는 없더라도 그것이 지역이나 마을 소멸로 이어지는 게 아니라는 점을 명확히 알아야 한다. 한계마을이라고 해도 '생존'에만 연연하는 사고방식에 매몰되지 않는 것이 중요하다. 생존만을 생각하면 출발점은 마이너스이고 그것을 어떻게든 제로로까지 끌어올리는 게 목표인 부정적 해결책이 나오기 쉽다. 게다가 그 성과 지표는 '인구'이다. 일본 전체 인구가 감소하는 마당에 지역이나 마을의 활성화 지표를 '인구' 숫자에 두면 참가자 전원이 패하는 마이너스섬 게임으로 흘러간다. 마이너스섬 게임은 판돈의 기대치가 판돈보다도 적은 게임이다. 생존만 생각하기 때문에 눈앞의 인구 유지 정책에만 빠져버리는 것이다.

지금 생각할 것은 50년, 100년 후를 내다보며 지역 발전을 꾀하는 긍정적인 전략이다. 지역의 자원을 활용해 한 사람이 만들어내는 부를 늘린다는 발상이다. 농업을 전업으로 하는 사람이 줄어도 지역의 농업 생산액이 늘어나면 아무 문제가 없다. 나뭇잎 사업처럼 지금까지는 상품이 되지 않았던 것을 고부가가치 상품으로 만드는 발상의 전환이 절실하다. 수요자가 요구하는 서비스를 얼마나 상업적인 기준으로 충족시키는가 하는 민간 기업의 아이디어가 필요하다.

중산간지역의 마을 만들기는 여유로운 마음, 보람 있는 생활 같은 인간적 풍족을 추구하는 동시에 주민 한 사람 한 사람의 경제적인 풍요를 실현해 인구가 줄어도 풍족하다고 느낄 마을 조성을 목표로 삼아야 한다. 다행히도 첨단기술과 인터넷이 발달하면서 인구가 줄어도 생활의 편리함이나 쾌적함을 이끌어내는 것은 충분히 가능한 세상이 되었다.

다음 세대에 대한 책임을
망각하지 말 것

2장에서 말했듯이 지방, 특히 농산어촌에 살 경우 도시보다 생활비가 적게 들기는 한다. 그것을 장점으로 내세워 이주 희망자의 시골생활을 유도하는 지역도 있다.

그러나 젊은 세대는 앞으로 더욱 더 귀해질 납세자이자 사회보장을 떠받쳐야 할 존재들이다. 젊은이야말로 국가와 사회, 지역을 경제적으로 지탱해나갈 인재라는 점을 잊어서는 안 된다. 비관적인 이야기를 반복하고 싶지 않지만 이미 만들어진 사회 인프라, 운영이 어려워진 보험제도, 정부·지방의 재정을 유지하는 데 필요한 비용을 누군가 부담해야 한다는 사실을 무시한 채 미래를 논의하기란 불가능하다.

그 누군가는, 말하자면 지금의 젊은 세대이다. 바로 20대와 30대 세대, 나아가 그들의 자녀인 미래 세대이다. 지금 우리 사회는 사회 유지비용을 현 세대만으로는 감당할 수 없는 실정이다. 따라서 그 일부를 이미 미래 세대에 부담시키는 모양새이다.

사회를 유지하는 비용은 인구감소에 맞춰 최대한 줄일 필요가 있지만 긴축에도 한계가 있다. 미래에는 이미 설치된 사회 인프라를 유지하고 보수하는 것만으로도 대부분의 인프라 정비 비용을 써버릴 가능성이 높다.[*] 사회보장 제도 역시 고령자가 늘어나는 한 간단히 줄일 수 없다.

이러한 사회적 비용과 앞 세대가 만든 부채를 짊어지고 가야 하는 젊은 세대는 그런 상황이 터무니없이 불공평하다고 느낀다. 젊은이들이 느끼는 사회에 대한 불공평한 감정을 없애기 위해서라도 그들이 더 많은 부를 만들어내는 일자리를 가질 수 있도록 도와야 한다. 그런 환경을 구축하는 것은 정부나 지방자치단체를 비롯한 행정, 산업계, 교육기관 그리고 그 조직들에서 의사결정을 하는 윗세대의 의무이다.

'잃어버린 세대'는 거품경제 붕괴 이후 사회에 나왔지만 바로 취직할 수 없었다. 그래서 지금도 많은 인구가 저소득을 감내하며 산다. 그들을 만들어낸 것은 명백히 그 윗세대의

---

[*] 후지나미 다쿠미 《향후 인프라 투자의 방식을 생각한다—돈 뿌리기에서 '성장의 핵'으로 질적 전환》 일본종합연구소, JRI리뷰 2013 Vol.5,No.6

책임이다. 윗세대에게는 아랫세대가 더 풍족하고 안정된 생활을 영위할 수 있는 사회와 산업을 만들어낼 책임이 있다. 그것이 사회의 발전이며 경제성장이다. 사회에 진출하는 시기가 나빠 어쩔 도리가 없다며 잃어버린 세대를 비정규직으로만 이용하는 기업 경영자나 그런 상황을 방치하는 정부는 자기 몫의 책임을 다하지 않는 셈이다.

각 지역이 내세우는 지방 재생전략 역시 윗세대의 무책임한 돈 뿌리기라고 느낄 때가 결코 적지 않다. 지금 당장은 보조금 등에 의존하더라도 그 이후 저소득 생활을 이어갈 수밖에 없는 세대가 많은 줄 뻔히 알면서, 마음의 풍요나 생활비 안정을 선전문구로 내세워 젊은 세대의 지방 이주를 부추기는 일이 비일비재하다. 그것은 현 세대가 미래 세대를 배신하는 행위이다. 지속 가능한 사회를 위해 나이 든 사람으로서 가져야 마땅한 책임을 포기하는 행위이다. 젊은 세대에게는 그들의 생활만이 아니라 자녀 세대를 양육해 질 높은 교육을 시킬 만한 소득이 필요하다. 지금, 지방 재생전략으로 젊은이를 끌어들이는 사람들 가운데 그런 미래상까지 그려내는 이가 얼마나 될까.

풍족한 시골을 목표로 삼아라

지방 중에서도 대도시가 아닌 중산간지역에서는 어떤 방식으로 지역 만들기를 해가면 좋을까. 한마디로 요약하면 풍족한 시골을 만드는 것이다. 거기 살면서 사회보장비나 세금을 부담하고 미래를 위한 부를 축적할 수 있을 정도의, 제대로 된 생업을 제공하는 사람들의 삶터를 만들어내면 된다.

농림수산업에서 노동력 육성이라고 하면 단순히 후계자 확보를 떠올리지만 앞으로는 농지나 산림을 집약해 먹고 살 인력을 키워내지 않으면 안 된다. 어업에서도 중심이 될 일꾼에게 어업권을 모아주거나 개방하는 일이 필요하다. 벤처를 지망하는 젊은 세대를 가까운 미래에 지역 경제의 버팀목으로 만들기 위해 주위에서 적극 지원해야 한다.

지속적인 사회 구축을 위해 공동체의 시스템을 바꿔가는 것 역시 지역에 살고 있는 윗세대의 책임이다. 사회 혁신이나 자신의 책임은 도외시한 채 지방 재생 사업으로 정부에서 내려오는 보조금으로 젊은 세대를 끌어들인 뒤, 그들 덕으로 자신들의 생활을 지속하겠다는 안일한 생각이나 해서는 절대 안 된다. 설사 지역 사회에 파란을 부르더라도 젊은 세대가 제대로 된 생업을 얻을 수 있는 기반을 마을이 나서서 만들어야 한다. 경우에 따라서는 우량 농지를 젊은 세대에게 무료로 제공하고, 어업권을 계승할 수 있도록 나서는 등 자기를 희생할 각오까지 해야만 한다.

지방 재생은 보조금을 미끼로 젊은이를 끌어들인다고 가능한 게 아니다. 그 지역에 살고 있는 사람들이 스스로 변해 갈 때, 그리하여 젊은이들 스스로 그 마을에 돌아와 건강하고 행복한 삶을 영위할 때 비로소 현실이 된다.

지방 재생도 도시 발전도, 인구가 감소하는 일본의 성장 방향과 일치해야만 한다. 그를 위해서는 젊은 세대가 더 부가가치 높은 일을 할 수 있는 환경을 만들어내는 게 무엇보다 우선순위이다. 현재의 지방 재생전략이 그런 전제에 바탕한 것인지 우리 모두 자문해야 할 때다.

정부는 지방 재생전략을 통해 여러 정책을 펴면서 지방에서 고용을 만들어내겠다고 말한다. 그러나 막상 지방자치단체나 지역을 보면 어떻게 젊은이를 끌어들일까 하는 것에만 관심이 있을 뿐이다. 생산성 높은 일자리를 만들어 젊은이들에게 제공하기 위한 정책은 거의 없는 실정이다. 왜 그럴까. 부가가치와 임금이 높은 일자리를 만들어 제 궤도에 올리기 위해서는 오랜 시간이 걸리기 때문이다. 정부는 2020년까지 도쿄권과 지방의 인구이동 균형을 맞추는 것을 목표로 하지만, 그런 성급한 목표 설정으로 인해 눈앞의 인구 유인책에 쏠린다는 것을 깨달아야 한다.

도쿄로만 인구가 집중되고 그것이 일본의 미래에 여러 문제를 만들어낸다는 정부의 문제 인식에 언론이나 연구자가 아무런 의문을 던지지 않은 채 방관해서도 안 된다. 그리고 '한계마을'이나 '소멸'이라는 말에만 쏠려 중산간지역에도 새로운 마을이 늘어나고 거주 지역이 계속 확대되는 현상을 간과해서도 안 된다.

이런 잘못된 전제를 토대로 논의를 계속하다 보면, 결국 나라의 미래는 잘못된 방향으로 가고 만다. 인구이동은 경제 활력이나 도시의 매력 등 마을이 지닌 종합적인 힘의 차이에서 발생한다. 이를 보조금 등으로 역전시키려는 것이야말로 나라의 지속성을 위태롭게 할 뿐이다.

먼저 현재 일본에서 정말 도쿄 한 곳에만 인구가 집중되는 것인지 면밀히 살피고 생각해야 한다. 도쿄에는 분명 인구가 유입돼지만 동시에 지방 대도시 역시 동일한 현상을 보인다는 점은 몇 번이나 강조했다. 도쿄 소재 대학에 다니는 지방 출신 대학생에게 물어보면 그런 상황을 쉽사리 납득한다. 그들 대다수는 어릴 적 친구나 중학교, 고등학교 동창들 중 도쿄로 온 사람은 극히 일부라고 답할 것이다.

인구가 감소하면 콤팩트시티가 필요하다는 생각이 잘못된 것은 아니지만 단번에 한계마을을 접고 도시로 합쳐버리자는 발상이야말로 위험하다. 한계마을은 전문가들이 책상머리에서 생각하는 것처럼 간단히 소멸하지 않는다. 실제로 소멸하는 마을의 몇 배나 되는 마을이 교외에서 새로 만들어지고 있다. 우리는 한계마을이라는 말에 끌려 거기에만 주목하기 쉽지만, 넓은 안목으로 본다면 다른 실태가 눈에 들어온다. 지방의 중산간지역은 그곳을 생업의 장으로 삼는 사람들이 풍요로운 삶의 공간으로서 발전시켜 나갈 잠재력이 충분한 곳이다.

인구감소가 진행되는 일본에서 각별히 주력해야 하는 것을 다음 두 가지로 요약할 수 있다. 우선 지방의 중산간지역이든 도쿄든, 한 사람이 만들어내는 부를 늘려 젊은 세대의 소득을 올리는 것이다. 특히 중산간지역에서는 이주자를 받아들이는 지역민들이 뼈를 깎는 각오로 젊은 세대가 정착하기 쉬운 환경을 만드는 작업이 필요하다. 게다가 전반적인 인구감소에 대비해 사람이 줄더라도 행복하게 살아갈 수 있는 환경을 만들어야 한다. 이미 인터넷 환경이나 사회 인프라 등 교외에서도 생활하기 편리한 여건이 갖추어지고 있다. 이런 상황을 더욱 적극적으로 활용해 고령자의 생활까지 지원할 필요가 있다.

도쿄가 지방에서 젊은 세대를 흡수해버려 지방이 소멸한다는, 현실과는 동떨어진 '도쿄 악마설'에서도 벗어나야 한다. 대신 각 마을이 자기 환경에 적합한 성장 방향을 모색해 독창적인 경제 활력으로 젊은 세대를 받아들인다는 전략으로 돌아가야 한다. 그래야만 우리가 지금까지 경험한 적이 없는 인구감소라는 위기를 기회 삼아, 지방을 더 강하고 더 유연한 삶의 무대로, 젊은이들이 스스로 돌아오는 마을로 성장시킬 수 있다.

일본과 한국을 작정하고 비교하려 드는 사람들은 무엇이 다
른지 드러내는 데 더 흥미를 갖는 것 같다. 이어령이 《축소
지향의 일본인》에서 밥 먹는 행태를 두고 "젓가락으로 조그
만 건더기를 쪼아 먹는 일본인은 아무래도 참새처럼 보인다"
면서 "국물과 건더기를 함께 먹는 한국인은 뻐끔뻐끔 물과
함께 먹이를 입에 넣는 금붕어와 같다"고 하는 식이다. 일본
의 국민 작가 시바 료타료 역시 역사적인 관계나 문화적 습
성 등 한일 유사성에도 불구하고 이런저런 차이를 부각한 한
국 기행 글들을 남겼다.

　정말 한국과 일본은 그렇게 다를까? 유럽 거리를 걷다가
"일본인이냐, 중국인이냐"는 질문을 한두 번 받은 한국인이
라면 서구인들에게는 한국인이나 일본인이나 중국인의 생김
이 별로 달라 보이지 않는다는 당연한 실감을 비로소 하게

된다. 생김만이 아니다. 이어령은 차이에 주목했지만 와이드 렌즈로 지구인의 식사 행태를 포착한다면 한국과 일본은 젓가락을 사용한다는 유사성이 훨씬 두드러진다.

시간을 근대화 이후로 좁히면 두 나라 사정은 더더욱 비슷하다. 근대화의 출발이 달라 강점과 예속이라는 정반대 처지를 경험했음에도, 일본이 닦은 앞길을 열심히 좇아간 산업 발전의 모습이나 급속하게 확산된 대중문화가 낳고 키운 대중의 정서가 그리 다르지 않다. 갈수록 큰 사회 문제로 여기는 극한의 핵가족화, 저출산, 고령화 등 사회상도 마찬가지다. 고령화의 경우 아직은 일본보다 낮은 수준이지만 그 속도는 일본을 따라잡은 지 한참이다.

이 책에서 주목하는 지방의 인구감소와 지속 가능성, 발전의 방향 같은 주제 역시 한일이 지금 공통으로 안고 있는 고민거리이자 문제의식이라고 할 수 있다. 책에도 등장하지만 동일본 대지진 이후 일본생산성본부가 일본 부흥 전략을 모색하기 위해 노사와 전문가 등으로 구성한 일본창성회의는 2014년 지방 소멸 예측 보고서를 발표한다. 여성 인구 추계를 바탕으로 2040년까지 일본 전국에서 896개의 지자체가 소멸할 가능성이 있고, 그 중 인구가 1만 명 미만으로 줄어드는 절반 이상의 지자체는 없어질 확률이 높다는 충격적인 내용으로 화제를 모았다. 이후 보고서 자체에 대한 갑론을박은 물론이고 위기감을 느낀 정부와 지자체가 너도나도 대책 마련에 나섰다.

국내에서도 시차를 많이 두지 않고 비슷한 지적들이 나오기 시작했다. 이런 실태를 지적한 책이 과거라고 전혀 없지는 않겠지만, 최근에는 입길에 오를 만큼 주목받는 경우가 나올 정도다. 그만큼 대중의 관심이 생겼고, 다가올 미래에 대한 두려움이 커졌으며, 극복 방법을 모색하려는 실질적인 움직임이 있다는 방증이다.

이 책도 그런 대책을 찾는 데 중점을 두고 있지만 비슷한 범주의 책들과 다른 특징이 있다. 이대로 두면 상당수의 지방 마을이 사라져버리고 그래서 지방이 붕괴할 것이라는 생각에 동의하지 않는다는 점이다. 저자는 흔히 알려진 것처럼 수도인 도쿄와 오사카, 나고야 등 일본 3대 대도시권으로 인구가 계속 집중되고 있다는 생각은 오해라는 것을 인구 통계를 들어 설명한다. 후쿠오카나 센다이처럼 지방 중심도시의 인구증가도 주목할 만하며, 인구감소로 사라지는 마을이 있는 한편에서 새로 생겨나는 마을이 있다는 점도 눈여겨봐야 한다고 했다.

전체적인 인구 변동은 그렇다 치더라도 실제 인구가 감소하는 마을이 '소멸'하지 않기 위해 대책을 세워야 하는 건 당연하다. 그와 관련해 지금도 일본에서 흔한 것은 보조금을 지급해 일단 젊은 이주민을 유치하고 보자는 정책이다. 하지만 저자는 그렇게 모여든 젊은이들도 안정적인 일자리를 갖지 않는다면 오래 버틸 수 없다며 지속 가능한 고용환경을 만드는 것이 무엇보다 중요하다고 강조한다. 농업의 6차 산업화 등이 좋은 방향이 될 수 있다는 것이다. 또 젊은 가족이 이주를 결정할 때는 육아 같은 것이 중요한 고려 요소라는 점을 생각해 당장 학생이 없는 학교라도 어떤 식으로든 휴교 상태로 유지하는 것이 중요하다고 강조한다. 이런 대책을 모범적으로 실행하고 있는 일본 지자체의 사례도 다양하게 소개했다.

국내의 지방 도시와 농산어촌 여건을 소상히 알지는 못하지만 책에 실린 여러 제안은 곱씹어 볼 대목이 적지 않으리라고 본다. 아직 논의조차 오리무중이지만 개헌을 통해 지방분권이 강화된다면 지방 부흥도 지자체 각자의 전략 수립과 실행력에 좌우될 시대가 올 것이다. 인구감소에 전전긍긍할

게 아니라 젊은이를 끌어들이는 지방으로 거듭나기 위한 대책을 마련하는 데 우리와 비슷한 고민을 안고 살고 있는 일본의 이 책이 작으나마 도움 되리라 믿는다.

2017년 12월 말, 김범수

옮긴이 **김범수**

〈한국일보〉 논설위원. 기자 시절 2008년부터 2011년 3월 말까지 3년 동안 도쿄 특
파원으로 일했다. 국제부장, 여론독자부장, 문화부장을 거쳐 현재 논설위원으로 재
직 중이다.

일본 제일의 행복마을 후쿠이를 취재한 베스트셀러 《이토록 멋진 마을》과 일본
의 고독사 문제를 다룬 NHK 특별취재팀의 《무연사회無緣社會》, 전후 소련의 포로
가 되었다가 돌아온 일본군 회고록을 담은 《일본 양심의 탄생》 등을 번역했다.

젊은이가 돌아오는 마을

첫판 1쇄 펴낸날 2018년 1월 25일
첫판 2쇄 펴낸날 2019년 10월 10일

지은이 | 후지나미 다쿠미
옮긴이 | 김범수
펴낸이 | 지평님
본문 조판 | 성인기획 (010)2569-9616
종이 공급 | 화인페이퍼 (02)338-2074
인쇄 | 효성프린원 (031)904-3600
제본 | 서정바인텍 (031)942-6006
후가공 | 이지앤비 (031)932-8755

펴낸곳 | 황소자리 출판사
출판등록 | 2003년 7월 4일 제2003-123호
주소 | 서울시 종로구 교북동 126 경희궁자이 오피스텔 4425호
대표전화 | (02)720-7542 팩시밀리 | (02)723-5467
E-mail | candide1968@hanmail.net

ISBN 979-11-85093-67-3 03330

* 이 도서의 국립중앙도서관 출판시도서목록(CIP)은 서지정보유통지원시스템 홈페이지
 (http://seoji.nl.go.kr)와 국가자료공동목록시스템(http://www.nl.go.kr/kolisnet)에서
 이용하실 수 있습니다.(CIP제어번호: CIP2017033920)
* 잘못된 책은 구입처에서 바꾸어드립니다.